Jochen Arnold

Darauf hoffe ich

Jochen Arnold

Darauf hoffe ich

Predigten zum Kirchenjahr

Fromm Verlag

Impressum / Imprint
Bibliografische Information der Deutschen Nationalbibliothek: Die Deutsche Nationalbibliothek verzeichnet diese Publikation in der Deutschen Nationalbibliografie; detaillierte bibliografische Daten sind im Internet über http://dnb.d-nb.de abrufbar.
Alle in diesem Buch genannten Marken und Produktnamen unterliegen warenzeichen-, marken- oder patentrechtlichem Schutz bzw. sind Warenzeichen oder eingetragene Warenzeichen der jeweiligen Inhaber. Die Wiedergabe von Marken, Produktnamen, Gebrauchsnamen, Handelsnamen, Warenbezeichnungen u.s.w. in diesem Werk berechtigt auch ohne besondere Kennzeichnung nicht zu der Annahme, dass solche Namen im Sinne der Warenzeichen- und Markenschutzgesetzgebung als frei zu betrachten wären und daher von jedermann benutzt werden dürften.

Bibliographic information published by the Deutsche Nationalbibliothek: The Deutsche Nationalbibliothek lists this publication in the Deutsche Nationalbibliografie; detailed bibliographic data are available in the Internet at http://dnb.d-nb.de.
Any brand names and product names mentioned in this book are subject to trademark, brand or patent protection and are trademarks or registered trademarks of their respective holders. The use of brand names, product names, common names, trade names, product descriptions etc. even without a particular marking in this works is in no way to be construed to mean that such names may be regarded as unrestricted in respect of trademark and brand protection legislation and could thus be used by anyone.

Coverbild / Cover image: www.ingimage.com

Verlag / Publisher:
Fromm Verlag
ist ein Imprint der / is a trademark of
OmniScriptum GmbH & Co. KG
Heinrich-Böcking-Str. 6-8, 66121 Saarbrücken, Deutschland / Germany
Email: info@frommverlag.de

Herstellung: siehe letzte Seite /
Printed at: see last page
ISBN: 978-3-8416-0465-1

Copyright © 2014 OmniScriptum GmbH & Co. KG
Alle Rechte vorbehalten. / All rights reserved. Saarbrücken 2014

Inhalt

Vorwort…………………………………………………………………………	3
Weihnachten (Titus 3): Der leutselige Gott………………………………..	5
Sonntag nach Weihnachten (1. Johannes 2): Hören, sehen und begreifen….	11
Epiphanias (Matthäus 2): „ich würde die reisenden loben…"…………………	16
Estomihi (Lukas 10): Glauben Frauen anders?……………………………..	22
Laetare (Predigtcollage zu Jesaja 54 und Markus 6): Nur einen kleinen Augenblick verlassen ……………………………....	28
Palmsonntag: (Philipper 2) – Fallen lassen………………………………	34
Gründonnerstag (Hebräer 2): Nachrichten aus einer anderen Welt……………	40
Karfreitag (Matthäus 27 mit Psalm 22): Warum hast du mich verlassen?………	46
Ostermontag (Jesaja 25): Höhenflug…………………………………………	52
Quasimodogeniti (Johannes 21): Fette Fische im Frühnebel (Lyrikpredigt)…	56
Kantate (Psalm 98) „…damit es auch andere hören und herzukommen"……….	63
Rogate (1. Timotheus 2,1-6): Eintreten in die Liebesbewegung Gottes………….70
Exaudi (Johannes 7): Ströme lebendigen Wassers…………………………….76
2. Sonntag n. Trin. (Jesaja 55): Kauft umsonst!…………………………........82.
5. Sonntag n. Trin. (1. Korinther 1): Skandal………………………………	87
7. Sonntag n. Trin (2. Mose 16): Was brauchst du wirklich?…………………..	93
8. Sonntag n. Trin (Jesaja 2): Study war no more………………………………	98
9. Sonntag n. Trin. (Matthäus 13): Schatz und Perle (in Englisch)………………	106
12. Sonntag n. Trin. (Apostelgeschichte 9): Vom Saulus zum Paulus…………..	111
14. Sonntag n. Trin. (1. Mose 28): Von Gotteshäusern und Himmelsleitern……	117
16. Sonntag nach Trinitatis (Apostelgeschichte 12): Engel der Gefangenen…..	123
Erntedank (Jesaja 58): „…ich will nur danke sagen…"………………………	128
Ewigkeitssonntag (Matthäus 22): Ein Gott der Lebendigen, nicht der Toten….	135

Danksagung

Als der Fromm-Verlag vor ungefähr einem Jahr an mich mit der Idee herantrat, einen Predigtband zu veröffentlichen, habe ich zunächst gezögert. Für einen, der seit mehr als einem Jahrzehnt Liturgik und Homiletik in Forschung, Ausbildung und Fortbildung vertritt, aber nicht in der Regelmäßigkeit predigt wie die Kolleginnen und Kollegen im Pfarramt, scheint es ein gewisses Risiko, sich von der ganz praktischen Seite zu zeigen.

Und doch habe ich nach einigem Nachdenken zugesagt. Mit eigenem Gewinn. Ich wünsche den Leserinnen und Lesern viel Freude und danke dem Verlag, namentlich Frau Claudia Kaiser, für die freundliche Unterstützung und Ermutigung.

Das Buch ist meinen Eltern gewidmet, die mich während meines beruflichen Werdegangs immer wieder unterstützt und besonders meine Predigttätigkeit aufmerksam begleitet haben. Meiner Mutter gilt ein herzlicher Dank für die sorgfältige Korrektur.

Doch zu guter Letzt: *Deo gratias!*

Hildesheim, im August 2014

Vorwort

Nach über zwölf Jahren eigener Predigttätigkeit, einmal Bilanz zu ziehen, ist reizvoll und dient der eigenen Selbstprüfung. Es setzt aber auch das in ein anderes Licht, was ich an anderer Stelle geschrieben oder gesagt habe. Hinzu kommt ein dritter Aspekt, der wichtigste von allen. Die Kommunikation des Evangeliums ist und bleibt auch denen aufgetragen, die nicht jeden Sonntag auf der Kanzel stehen.

Ich habe unter etlichen Predigten ausgewählt und bin nach einigem Überlegen im Blick auf eine thematische Anordnung dann doch beim klassischen Schema des Kirchenjahrs geblieben. Es wurde allerdings darauf geachtet, dass die Textgattungen Altes Testament, Epistel und Evangelium ungefähr gleich stark vertreten sind und die geneigten Leserinnen und Leser auch eine gewisse Vielfalt an Predigtgattungen und –themen präsentiert bekommen.

Dazu gehören klassische Lehrpredigten in drei oder vier Punkten aber auch Predigten, die nach dem offenen Prinzip der dramaturgischen Homiletik gestaltet sind, sowie Predigten im Dialog mit Lyrik, Musik und Literatur. Immer wieder entdecke ich eine Konzentration auf das Christusgeschehen und eine schöpfungstheologische Weite, aber auch – und das ist vielleicht das Wichtigste – die Hoffnung auf das ewige Leben als zentrale Aspekte. Dass aktuelles Zeitgeschehen und politische Themen mitanklingen, spricht – so hoffe ich – für die Relevanz und Zeitgenossenschaft meiner Ansprachen.

Als Motto über das Buch habe ich einen kleinen Satz gestellt, den ich öfter verwendet habe und noch immer verwende. „Darauf hoffe ich!" – eine Art persönlicher Bekräftigung, ein kleines Credo, das Andere einlädt miteinzustimmen in die Zuversicht des Glaubens.

Hildesheim, im Juli 2014

Weihnachten (Titus 3,4-8)[1]: Der leutselige Gott

Einstieg mit einem Dialog (mit zwei Stimmen besetzt, zunächst nicht sichtbar)

A: Und, wie fühlt es sich an?

B: Was fühlt sich (wie) an?

A: Na, dass es endlich da ist.

B: Was es?

A: Na das, worauf wir so lange gewartet haben. Das Fest. Weihnachten. Das Kind in der Krippe. Das Gefühl, das sich einstellt, wenn endlich die Kerzen am Baum brennen.

B: Ach so. Nun ich finde, es fühlt sich nicht schlecht an: mal wieder die ganze Familie beisammen, endlich der ersehnte Urlaub, gutes Essen... Die Kinder, die sich über die Geschenke freuen. Ich kann eigentlich nicht klagen. Was will man mehr? Es könnte mir schlechter gehen, oder?

A: Mmh. Stimmt. Ich frage mich aber doch jedes Jahr wieder, was es soll, ob nicht mehr dran und drin ist an Weihnachten. Wie bei einem Geschenk, das mehr enthält, als man erwartete. Eine echte Überraschung sozusagen.

B: Klingt gut... aber was könnte das sein?

A: Tja, wenn ich das wüsste...

Dieses Gespräch, liebe Gemeinde, ist natürlich frei erfunden: Und doch stelle ich mir vor, dass es hundertfach, tausendfach so ähnlich geführt wird, in unserem Innern, gleichsam mit unserem *alter Ego*, vielleicht aber auch tatsächlich untereinander. Was ist dran an dem Versprechen von Weihnachten? Steckt vielleicht doch mehr dahinter als ein bisschen heile Welt unter dem Christbaum?

In der *Weihnachtsepistel* aus dem Titusbrief im dritten Kapitel heißt es: *Als aber erschien die Freundlichkeit und Leutseligkeit Gottes unseres Heilandes, rettete er uns. Nicht um der Werke willen der Gerechtigkeit,*

---

[1] Hildesheim, St. Michael, 2009.

die wir getan hatten, sondern nach seiner Barmherzigkeit durch das Bad der Wiedergeburt und die Erneuerung im Heiligen Geist.

Ihn – diesen Geist – hat er reichlich ausgegossen über uns durch Jesus Christus, unseren Heiland, auf das wir durch desselben Gnade gerecht würden und Erben seien des ewigen Lebens nach der Hoffnung. Das ist gewisslich wahr.

Was wir eben gehört haben, liebe Gemeinde, klingt zunächst nicht besonders weihnachtlich, wie etwa die Geschichte von der Geburt in Bethlehem oder die Erzählung von den Weisen aus dem Morgenland. Nein, eher wie eine trockene Epistel… Und doch war dieser Text einmal sehr aktuell, ja sogar brisant. Menschen haben sich damit „geoutet" gegenüber anderen. Und gesagt, warum ihnen Weihnachten so viel bedeutet, warum da mehr drin ist als nur ein bisschen heile Welt unter dem Christbaum. Vielleicht haben sie es sogar gesungen, wie wir es heute mit dem Lied tun: *Ich bin getauft auf deinen Namen, Gott Vater, Sohn und Heiliger Geist.*

Zuvor wurden sie bei der Taufe dreimal komplett untergetaucht und haben sich dann vor Gott und der Welt und der Gemeinde zu erkennen gegeben: Mein Herr ist Jesus. *Kyrios Jesus.* Das hat bisweilen deutliche Konsequenzen für ihr Leben, gerade im heidnischen Rom. Man musste sich verstecken, Schikane ertragen, kam manchmal sogar ins Gefängnis und musste den Tod fürchten. Aber die Gemeinde hat den „Neuen" den Rücken gestärkt und dann vielleicht unsere Epistel angestimmt.

Lassen sie uns den Worten dieses alten Taufbekenntnisses nachspüren und dabei dem Geheimnis von Weihnachten auf die Spur kommen.

1. Der menschenfreundliche Gott

Die erste Aussage führt uns gleich ans Eingemachte. Sie gibt eine Auskunft auf die alles entscheidende Frage nach Gott. Menschen aller Religionen und aller Altersgruppen, aller Geschlechter und Milieus stellen sie. Wie ist er? Kraftvoll, allmächtig? Unnahbar-geheimnisvoll? Streng und gerecht, einer, der alles sieht? Eher männlich oder eher weiblich? Einfach nur lieb?

Kurze Stille

Als aber erschien die Freundlichkeit und Leutseligkeit Gottes unseres Heilandes, rettete er uns.

Weihnachten, das ist eine Erscheinung, eine Offenbarung. In mein verworrenes und vieldeutiges Leben fällt ein neues, ein helles, ein warmes Licht. Das Kind in der Krippe zeigt mir, wie ich mit Gott dran bin. Nicht mit Glanz und Gloria. Pauken und Trompeten oder Pomp and Circumstances kommt er daher. Sondern unscheinbar, bekommt ein Gesicht, hat Hände und Füße! Gott zeigt uns seine *Freundlichkeit und Menschenliebe, seine Leutseligkeit.* So hat Luther es übersetzt. *Ein tolles Wort.* Ein Geheimnis wird aufgedeckt, der Schleier gelüftet. An Weihnachten erfahren wir – endlich!-, in welche Richtung Gottes Herz schlägt. Und das nicht in einem geheimnisvollen Orakel oder einem vagen Horoskop, sondern in der Alltäglichkeit einer menschlichen Geburt. Gott, Vater, Sohn und Heiliger Geist drängt es zu uns, zu mir in meine kleine Welt, nicht zuerst zu den Schönen und Reichen. In einer einzigartigen Aktion sendet Gott *seinen eigenen Sohn, ja sich selbst.*

Warum? War das nötig?

2. Einzigartige Rettungsaktion

Es sieht alles danach aus. Die weihnachtliche Mission hat ein konkretes Ziel. Der menschenfreundliche Gott ist zugleich ein rettender Gott. Das wird in Jesus Programm: Jeschua, das heißt Retter, Heiland. Gott wird als Heiland an Weihnachten sichtbar, er wendet seine eigentliche Seite nach außen. Es geht dabei um eine groß angelegte, globale Rettungsaktion, sagt der Titusbrief.

Immer wieder werden wir – meist über das Fernsehen – ja Zeugen von Rettungsaktionen. Ich denke an eingestürzte Häuser in Köln, Sachsen-Anhalt oder auch in den italienischen Abruzzen nach dem Erdbeben. Ich sehe sie vor mir die Menschen, wie sie von Rettungsmannschaften herausgeholt werden. Zitternd, mit weit aufgerissenen Augen werden sie ans Tageslicht gebracht. Haben kaum noch die Kraft, um selbst zu gehen. In Decken einhüllt. Das nackte Leben gerettet. Und die Retter? Sie begaben sich wenig zuvor oft selbst in Lebensgefahr. Nahmen Strapazen und psychischen Stress auf sich. Ja, sie ließen manches Mal selbst das Leben. Doch wenn die Rettung auch nur eines Menschen gelingt, fließen Tränen der Freude und Dankbarkeit. Solche Rettungsaktionen – wer will das bestreiten – lohnen sich.

Erst recht, wenn Gott selbst eine solche unternimmt und dabei auf einen Teil von sich selbst verzichtet.

Weihnachten ist nichts Harmloses. Es geht um höchste Not in tödlicher Gefahr und um den höchsten Einsatz dagegen. Martin Luther lässt uns in einem seiner wichtigsten Lieder hineinhorchen in die Vorgeschichte dieser Rettungsaktion: *Gott sprach zu seinem lieben Sohn: „Die Zeit ist hier zu erbarmen. Fahr hin, meins Herzens werte Kron' und sei das Heil den Armen. Und hilf ihnen aus der Sünden Not, erwürg für sie den bittern Tod, und lass sie mit dir leben."*

War/ist unser Zustand so dramatisch? Sind wir so böse? *„Denn auch wir waren vormals unweise, ungehorsam, dienstbar den Begierden und wandelten in Bosheit und Neid, ja hassten uns untereinander."* Das ist die unserem Bekenntnis vorausgehende Formulierung im Titusbrief. Eine verheerende Diagnose über das vorchristliche Leben.

Sie passt so ganz und gar nicht zu unserer festlichen Stimmung. Müssen wir uns das antun fragen Sie sich vielleicht, liebe Gemeinde. Müssen wir uns erst als arme Sünderlein betrachten, um dann die Größe der Weihnachtsbotschaft zu erfassen? Nein, aber wir müssen der Wahrheit ins Gesicht sehen, um dann umso aufrechter zu gehen!

Zwei Beispiele dazu aus dem vergangenen Jahr möchte ich in Erinnerung rufen:

Da werden bewährte Mitarbeiter aus Pflegeeinrichtungen entlassen, weil sie eine Frikadelle oder ein Brötchen im Altenheim „entwendet" haben. Können wir so miteinander umgehen getreu dem Motto aus dem Vaterunser „Und vergib uns unsere Schuld, wie auch wir vergeben unseren Schuldigern"? Ist das nicht eine unsägliche Heuchelei?

Aber schauen wir auch auf das zweite Beispiel: der folgenschwere Befehl zum Angriff am 4. September in Afghanistan. Was damals geschah, ist sicher keine Bagatelle. Zahlreiche unschuldige Menschen haben ihr Leben gelassen, weil ein General seine Soldaten schützen oder – auch denkbar – nur ein Exempel statuieren wollte. Wir alle wissen, dass so etwas in jedem Krieg oder kriegsähnlichen Einsatz, passieren kann. Das ist schlimm. Und doch, liebe Gemeinde, frage ich mich, wie wir jetzt damit umgehen. Hohe Militärs und ein Minister haben bereits ihre Ämter niederlegen müssen und der aktuelle ist schon jetzt stark beschädigt. Darf man in einem hohen Amt Fehler machen? Und darf man auch dazu stehen? Oder wird einem gleich ein Strick daraus gedreht?

Mich beschäftigt diese Frage sehr, weil unsere öffentlichen Meinungsmacher – in diesem Fall Journalisten und Politiker – so ganz und gar nicht aus der Kraft dessen leben, der an Weihnachten auf dem Plan ist. Nochmals, es geht mir hier nicht um ein Vertuschen von Fehlern oder ein Vermeiden von Verantwortung. Vielmehr um die Möglichkeit noch einmal neu anzufangen.

Ich meine, hier dürfen wir als Christen – mit dem Titusbrief – kraftvoll widersprechen: *„Nicht um der Werke willen, die wir getan haben, sondern nach seiner Barmherzigkeit rettete er uns. Durch das Bad der Wiedergeburt und die Erneuerung im heiligen Geist."* Jetzt fängt der Text an zu klingen. Du bist getauft! Eingetaucht worden in Gottes Gnade. Dein Leben steht *unter einem guten Stern*, es hat bereits einen brillanten, strahlenden Anfang genommen. Diese Gnade ist deine Lebens- und Überlebensbasis. Du kannst aufrecht gehen in seinem Licht!

Weihnachten und Taufe – vielleicht denken Sie das heute zum ersten Mal - haben also miteinander zu tun. Nicht nur weil es in beiden Fällen um Kinder geht. Die Taufe bringt das, was an Weihnachten geschehen ist, zu uns. Gott verschenkt sich. Nicht nur im Kind in der Krippe, sondern auch in der Taufe.

Will sagen: Gott geht für dich und für mich ins Wasser! Deshalb ist dir vergeben. Deshalb hat dein Lebenshaus ein gutes Fundament. Ja mehr noch, deshalb werden auch die Mauern und das Dach fertig und schön werden. Vertraue darauf, dass Gottes Geist es fertig bringt!

Weihnachten ist ein Gottesgeschenk, nicht nur damals, sondern auch heute für dich und mich. Sinnlich greifbar im Wasser der Taufe und nachher zu schmecken und sehen in den Gaben an seinem Tisch. Generalkur für Leib, Seele und Geist.

3. Überfließender Reichtum

Jetzt könnte man eigentlich „Amen" sagen, denn wir haben das gehört, womit wir leben und sterben können. Und doch bietet der dreieinige Gott noch mehr. *Gottes Geist hat er reichlich ausgegossen über uns durch - Jesus Christus, unseren Heiland, auf das wir durch seine Gnade gerecht würden und Erben seien des ewigen Lebens nach der Hoffnung.*

Wer getauft ist und an mich glaubt, bekommt das volle Programm. Im Überfluss und! Achtung! nicht kalkulierbar. Hier gilt nicht die Logik der Wirtschaftsbosse und der Energiekonzerne, sondern Gottes Devise: Ich schenke dir voll ein. Gutes und Barmherzigkeit sollen dir folgen dein Leben lang. Damit kannst du leben, nicht nur an Weihnachten, sondern an jedem neuen Tag deines Lebens: das ist Lichtglanz für die Augen, Klang der Befreiung für die Ohren, Geschmack der Gemeinschaft für unseren Leib, und eine Hoffnung, die weiter reicht als wir es uns ausmalen können: Hoffnung auf den Himmel.

Heut schließt er wieder auf die Tür zum schönen Paradeis, der Cherub steht nicht mehr dafür, Gott sei Lob, Ehr und Preis…

Und, wie fühlt es sich an?

Ja, liebe Gemeinde, ich finde, es fühlt sich richtig gut an. Weihnachten ist nicht nur etwas für den Kopf, sondern auch für unser Herz, weil Gott uns sein Herz gezeigt hat.

Die Tür zum Himmel steht dir weit offen. Denn dir *ist heute der Heiland geboren*, der leutselige, menschenfreundliche Gott wird einer von uns.

Amen

Sonntag nach Weihnachten (1. Johannes 2,21-25):[2] Hören, sehen und begreifen

Haben Sie fleißig geschrieben vor Weihnachten, liebe Gemeinde? Weihnachtsbriefe, Geschenk- und Gratulationskarten? Oder haben Sie eher die neuen Medien benützt und per E-Mail oder SMS Weihnachtspost verschickt?

Ich gestehe es gerne, wir haben es dieses Jahr nicht geschafft mit dem Weihnachtsbrief an alle Freunde und Verwandten. Und doch habe ich mich gefreut, von lieben Menschen etwas zu erfahren. Ihre Stimme *zu hören am Telefon, ein aktuelles Bild zugeschickt zu bekommen, oder sie gar persönlich in den Arm zu nehmen.*

Um eine solche Erfahrung geht es auch in dem Weihnachtsbrief aus dem Neuen Testament, der uns heute als Predigttext gegeben ist. Johannes schreibt ihn: ein Mann, der Jesus – der Überlieferung nach – noch kennenlernte und in hohem Alter wohl in Ephesus gestorben ist. Man bezeichnet ihn als einen Ältesten. Er schreibt an seine Gemeinde und auch heute Morgen an uns:

Lesung: 1 Johannes 2 (s.u.)

Liebe Marienkirchengemeinde, lieber Gospelchor, liebe Tauffamilien!

Das, was von Anfang – von Ewigkeit! – an war, das habe ich gehört und gesehen mit meinen Augen und mit meinen Händen betastet, das Wort des Lebens.

Und dieses Leben ist erschienen und wir haben es gesehen und bezeugen und verkündigen es euch, das ewige Leben. Das Leben war beim Vater und ist uns erschienen.

Das also, was ich gesehen und gehört habe, das verkündige ich euch, damit ihr Gemeinschaft mit mir habt; und unsere Gemeinschaft ist mit dem Vater und seinem Sohn Jesus Christus.

Und das schreibe ich, damit eure Freude vollkommen wird.

Euer Johannes

---

[2] Marienkirche Reutlingen 2003.

Haben Sie Lust, diesem Johannes heute Morgen einmal zu antworten?

Einladung zum Austausch mit den Nachbarn (kurze Murmelphase)

Ich möchte ihm jedenfalls gerne sagen, was mir an seinem Brief gefällt, was ich nicht verstehe und was mich herausfordert.

Lieber Johannes,

Vielen Dank für Deinen Brief! Klingt ziemlich gut, was du schreibst: Hören, Sehen, Ertasten. Das gefällt mir. Aber Du hast ja gut reden mit Deinem Weihnachtsbrief. Du warst ja schließlich dabei damals, bist mit Jesus von Nazareth, dem Wort des Lebens, wie du ihn nennst, selbst durch die Lande gezogen. Du hast gehört, wie er predigte, wie Tausende an seinen Lippen hingen, wenn er in Gleichnissen vom Reich Gottes erzählte. Oder als er sagte: Ich bin das Licht der Welt, wer an mich glaubt, der wird nicht wandeln in der Finsternis, sondern wird das Licht des Lebens haben.

Ein großartiges Wort, Licht des Lebens! Gilt es auch heute? Du hast gesehen, wie er den Lahmen heilte und ihm sagte: Nimm deine Matte und steh auf. Du hast mit ihm gegessen und getrunken, du hast erlebt, wie er mit Sündern, Prostituierten und Steuereintreibern gefeiert hat, dass den Frommen die Spucke weg blieb. Du hast erlebt, wie er sich anlegte mit den Oberen aus Jerusalem. Du konntest ihn anfassen und in den Arm nehmen!

Du hast gut reden, kannst gut verkündigen, wie wunderbar sinnlich das alles war mit diesem Jesus, dem Kind in der Krippe, dem Herrn über Wind und Wetter, dem Mann am Kreuz.

Weißt Du Johannes, ich finde das schon toll, mich fasziniert das Leben und die Predigt des Jesus von Nazareth, aber er ist mir so unendlich weit weg und fern. Dein Jesus redet halt nicht unmittelbar mit mir, wenn ich in einer persönlichen Krise stecke oder eine wichtige berufliche Entscheidung zu treffen habe. Er steht nicht neben mir und legt mir die Hand auf die Schulter, wenn ich mich allein fühle. In solchen Momenten würde ich ihn so gerne seinen *Rat hören*, seine *Nähe spüren, seine Freundschaft erfahren*. Ja, ich möchte ihn erleben, wenn ich am offenen Grab stehe und fassungslos bin, dann möchte ich ihn *sehen*, den Auferstandenen, den, der, wie *du sagst, das ewige Leben* ist. Ich möchte seine leuchtenden Augen sehen und möchte spüren, wie er mir die Tränen abwischt, vielleicht mit den Worten: Ich bin doch bei dir, alles wir gut.

Ich fände es toll, Johannes, wenn Jesus mit Vollmacht für Gerechtigkeit sorgen würde in dieser Welt, wenn er wie damals, als er mit einer Peitsche die Händler aus dem Tempel getrieben hat, den Sumpf des Establishments einmal gehörig austrocknen würde. Wenn er denen, die sich auf Kosten der Armen bereichern, einmal den Kopf zurechtrücken würde.

Ich würde mich freuen, wenn Du mir antworten könntest, lieber Johannes. Denn ich möchte mich so gerne an Weihnachten freuen und deine Erfahrungen mit Jesus teilen.

Dein Jochen mit Grüßen von den Männern, Frauen und Kindern in der Reutlinger Marienkirche.

Tja liebe Gemeinde, soweit mein – natürlich fiktiver - Brief. Ich habe weder gestern noch vorgestern einen Antwortbrief bekommen direkt von Johannes, aber ich habe weitergelesen in seinem Brief und im Evangelium und folgende Antwort für mich bekommen, die ich Ihnen gerne mitteilen will:

Liebe Gemeinde in Reutlingen, lieber Jochen,

ich verstehe, dass Ihr Sehnsucht habt nach aktuellen, sinnlichen Erfahrungen des Glaubens. Dass Ihr gerne etwas Festes zum Greifen, etwas Unmissverständliches zum Hören, etwas Konkretes zum Sehen wollt! Dass Ihr hungrig seid nach geistlichem Erleben. Eigentlich dachte ich immer, an Weihnachten könntet ihr das am ehesten spüren, aber offenbar geht das nicht allen so, offensichtlich deckt der Konsum und der materielle Wohlstand Manches zu.

Ich möchte Euch Mut machen, Weihnachtsspuren, Zeichen der Liebe Gottes in dieser Welt zu entdecken. Ich bin sicher, dass ihr solche Spuren des ewigen Lebens finden könnt: am Sonntag und am Werktag, in der Kirche und im Alltag. Ich beginne mit dem Alltag:

a) Zuerst möchte ich einige Worte an Euch richten, die Ihr im Gospelchor singt.

Ich weiß von Euch, dass Ihr immer wieder in persönlichen Schwierigkeiten steckt, sei es im Beruf oder in Partnerschaft und Familie, dass für viele von Euch Glaube keine Selbstverständlichkeit ist. Immer wieder musstet Ihr sehen, wie Träume zerplatzen und alles ganz anders kommt. Darum nützt die Chance weiterhin, miteinander zu singen. Das Singen lässt Euch zu Euch selbst zurückkommen, schon beim Ein- und Ausatmen. Aber das ist nicht alles: Wenn Ihr Gospels singt, dann singt Ihr einander und Anderen die frohe Botschaft zu; die Botschaft, dass Gott Mensch wird, einer von uns geworden ist und uns auf Augenhöhe anredet... Das ist etwas so Großes, man kann das gar nicht oft genug sagen und schön genug singen. Nachher werdet ihr sie uns singen und wir werden sie hören, die aufrichtende Botschaft: *Lean on me:* Lehn dich an mich, ich bin dein Freund. Und wenn ihr das singt, dann wird es wahr. Dann kommt Christus zu uns.

b) Euch Tauffamilien sage ich: Euer Kind ist eine lebendige, nachhaltige Erinnerung Weihnachten, wie sie lebendiger und schöner kaum sein könnte. Ja, das klingt vielleicht ein bisschen steil, denn Eure Kinder sind nicht Christus in der Krippe. Und doch: Ihr könnt, wenn Ihr Euer Kind anschaut und streichelt, sehen und begreifen, wie sich Gottes Nähe und Liebe anfühlt. Was damals Maria und Joseph, die Hirten und die Weisen anfassen durften und gefühlt haben, als sie das Kind sahen, das ist euch in ähnlicher Weise zugänglich.

Nein, ihr sollt Euer Kind nicht anbeten, sondern besser für dieses Kind beten, aber zugleich auch wissen: so nahe, wie ihr Eurem Kind seid, so nahe kommt Gott euch an Weihnachten. Das ist etwas ganz Großes, ein Geheimnis´, das man nicht ergründen kann. Das Hören des sinnlichen Evangeliums, das Sehen und Ertasten der Liebe Gottes in einem kleinen Kind, das sind Möglichkeiten, wie ihr Gottes Liebe und Gegenwart im Alltag erfahren und erleben könnt.

c) Ein Drittes und Letztes möchte ich Euch allen mitgeben. Ich wundere mich manchmal, dass viele von Euch, das, was ihr am Gottesdienst habt, so wenig schätzen. Denn dort lässt sich Gott doch bis heute hören, sehen und greifen, oder nicht? Gut, manchmal sind die Predigten nicht der Hit und manchmal sind die Lieder und Gebete nicht sehr ansprechend, das stört mich auch. Aber wisst ihr nicht, dass hier das „lebendige, ewige Wort", von dem ich euch schreibe, auch nach vielen, vielen

Jahren noch gelesen und ausgelegt wird, ja mehr noch: Wisst ihr nicht, dass Jesus so noch heute zu euch kommt?

Wir hatten damals noch nicht alle Geschichten von ihm zum Nachlesen, vieles wurde erzählt, manches blieb ein Gerücht. Ihr habt es schwarz auf weiß, ihr singt schöne Lieder von ihm und habt in Eurer Marienkirche eine Skulptur des Auferstanden über dem Grab.
Aber das ist nicht alles: Ihr habt die Taufe und das Abendmahl. In diesen Zeichen hat er versprochen, Euch in besonderer Weise nahe zu sein, sich von Euch hören, sehen und greifen zu lassen: In der Taufe sagt er: Hab keine Angst: Du bist mein Kind, du gehörst zu mir, ich habe dich lieb, was auch passieren wird. Im Abendmahl redet er euch an und sagt: ihr könnt euch meine Liebe auf der Zunge zergehen lassen. Ist das nicht etwas ganz Großes?! So könnt Ihr unbeschwert in den Alltag gehen und wisst: Ihr lebt – auch im neuen Jahr - im Einklang mit Gott und untereinander.

Ihr Männer, Frauen und Kinder, Weihnachten ist eine gute Zeit. Zeit zum Nachdenken und Nachspüren, Zeit, um Euch neu auszurichten, Zeit um das Entscheidende wieder zu hören, zu spüren, zu sehen. Gott hat offene Ohren und leuchtende Augen, er macht euch frei. Das schreibe ich euch, damit Ihr euch freut und Gott lobt. Amen.

Epiphanias (Matthäus 2,1-12): [3] „ich würde die reisenden loben..."

Liebe Gemeinde!

Ein vertrautes Bild sehe ich vor mir: Drei Könige ziehen schwer bepackt mit Geschenken auf ihren Kamelen über Dünen und durch Oasen in Richtung heiliges Land. Der Erste – man erkennt es an seiner dunklen Hautfarbe – ist ein junger Afrikaner in einem leuchtend orangenen Gewand. Der Zweite ist, was man an seinen prägnanten Augen sehen kann, offenbar ein Asiate mittleren Alters. Ihm folgt als Dritter ein älterer Europäer, ganz offensichtlich ein Gelehrter mit langem weißem Bart. So kenne ich sie von meiner Krippe aus Kinderzeiten: Caspar, Melchior und Balthasar, die drei Könige aus den drei Erdteilen der alten Welt. Doch was ist dran an dieser schönen Legende?

Hören wir auf Worte aus Matthäus 2 ,1-12

TEXT

Die heiligen drei Könige Caspar, Melchior und Balthasar, liebe Gemeinde, sind eine zwar schöne, aber doch legendäre Zutat zur biblischen Erzählung. Wenn sie aufmerksam zugehört haben, kamen gerade weder ihre Namen, noch ihr Königtum noch ihre Dreizahl vor. Kein Wunder also, dass noch in der römischen Domitilla-Katakombe vier statt der üblichen drei und in syrischen Traditionen bis zu 12 Weise dargestellt sind.

Was war der wirkliche Beruf, was war ihre Religion und Nationalität? Mit letzter Sicherheit können wir das nicht sagen. Wahrscheinlich kamen sie aus Persien, wo man seit alters den Begriff *Magos* (Magier) für einen Angehörigen der Priesterkaste verwendet hat. Später konnte er einen Philosophen, Naturwissenschaftler, ja sogar einen Zauberer bezeichnen. Jedenfalls waren es keine Menschen jüdischen Glaubens, wahrscheinlich auch keine Priester im engeren Sinne. Eher Esoteriker, halb Astronomen, halb Astrologen, oder ganz einfach: *gebildete fromme Leute nichtjüdischen Glaubens*. Interessant ist auch eine Spur, die in den Kölner Dom führt: die Stoffreste aus dem Kölner Dreikönigsschrein sind quasi identisch mit Gewebestoffen aus Palmyra im heutigen Syrien, wo besonders ein Sonnen- und ein Mondgott verehrt wurden. Eine heiße Spur?

---

[3] Internetpredigt 2009.

Der Weissagung der alttestamentlichen Lesung „*Sie werden aus Saba alle kommen und Gold und Weihrauch darbringen*" (Jes 60) sowie die damit verbundene Vermutung, dass es sich um Äthiopier handelte, ist also eher unwahrscheinlich.

Nun, und jetzt werden Sie natürlich auch noch nach dem Stern fragen, über den es – ähnlich wie über den Herkunftsort der Weisen – schon einige Meter an Literatur gibt: Geläufig sind besonders zwei (naturwissenschaftliche) Deutungen:

a) Es könnte sich um eine Erscheinung des Halleyschen Kometen des Jahres 12/11 v. Chr. gehandelt haben, der zuletzt im Jahr 1910 eindrucksvoll im heiligen Land zu sehen war.

b) Wahrscheinlicher ist allerdings die Jupiter-Saturn-Konstellation, die im Jahre 7/6 v. Chr. insgesamt dreimal auftrat und von babylonischen Astronomen vorausgesagt worden war. Sie passt auch deshalb so gut, weil Jupiter als Königsstern und Saturn als Stern des Sabbats der Stern der Juden war.

Ich habe mich über diese Entdeckungen gefreut, liebe Gemeinde. Keinesfalls alles, was uns in dieser Geschichte begegnet, ist Legendenbildung: im Gegenteil, etliche Elemente scheinen auf deutlich nachweisbare historische Gegebenheiten zurückzugehen. Und dennoch bleibt diese Geschichte erstaunlich, ja beinahe unfassbar. Sie spricht zu uns nicht aufgrund ihrer Fakten, sondern weil sie eine Glaubensgeschichte ist, mit der uns Matthäus den *Glauben und den Mut frommer Heiden* vor Augen stellt. Schon am Beginn seines Evangeliums signalisiert er: Diese Botschaft geht alle Menschen an, aus Osten und Westen, Norden und Süden, welche Religion und Nationalität, welchen Bildungsstand sie auch immer haben.

Hören wir dazu auf ein Gedicht(fragment) von Dorothee Sölle:

ich würde die reisenden loben
mich ihrer freuen und
so es noch leuchtet das ungewöhnliche licht
ansehen lange und öfters
um ihretwillen
mit der dringlichen hoffnung
auf veränderung

Was gibt es zu loben an den Weisen? Inwiefern können uns diese frommen und klugen Menschen ein Vorbild für unseren Glauben sein? Ja sogar in uns eine neue Hoffnung auf Veränderung entfachen? O Können sie uns womöglich helfen, mit unseren aktuellen Fragen klarzukommen: *Warum bin heute hier, wo möchte ich morgen sein? Wo zieht es mich hin – in meinem Leben mit Gott anno Domini 2009?*

Vier Stationen möchte ich uns skizzieren:

Station 1: Der Stern im Osten – heilsame Ver-rückung

Aufmerksam waren sie die Magier, aufmerksam und achtsam im Blick auf das, was in der Welt passiert, was sich in Natur und Geschichte ereignet. Tagsüber betrachten sie genau die Strahlen der Sonne und ihre Wirkung. Nachts sitzen sie einst Abraham unter Gottes weitem Sternenhimmel: sie schauen, lauschen, staunen. Sie haben alte Weissagungen gelesen und wissen, dass demnächst ein Königsstern am Firmament erscheinen soll, der sich mit dem Stern der Juden (Saturn) kreuzt. So beobachten sie die Natur und deuten die Zeichen der Zeit, achten auf Klima- und Naturveränderungen, kosmisch und politisch. Wo gibt es noch Menschen, die lauschen? Menschen die Zeit haben, in die Schöpfung und Geschichte hineinzuhorchen?

Und dann passiert es. Einen so hellen Schein, ein so strahlendes Leuchten, haben sie noch nie gesehen. Dies Leuchten setzt sie in Bewegung. Der neue Stern am Firmament ist eine Provokation, eine „Herausrufung", sie werden durch ihn buchstäblich ver-rückt.

Welcher Stern könnte das in unserem Leben sein, der zum Aufbruch und zu neuen Wegen veranlasst? Der uns aus den lieb gewordenen Sicherheiten unseres Alltags herauslockt? Womöglich so herauslockt, dass uns andere für verrückt erklären!?

Ich bewundere die Weisen aus dem Morgenland, dass sie neugierig und zuversichtlich aufbrechen und einfach losziehen. Ohne modernes Navigationssystem, ohne genaue Landkarte geht es los in Richtung Westen. Ich wünsche mir für das neue Jahr eine solche Aufbruchsstimmung. Für mich persönlich, für unsere Kirche, ja auch für unsere Welt: *ein neues*

Fragen nach dem Wesentlichen, nach dem Stern, der zu Christus hinführt. Weg von den verführerischen Sternen der Macht und des Geldes, die wie abstürzende Meteoriten am Verglühen sind.

Station 2: Penetrante Fragen – überraschende Weisung

Sie gehen einen weiten Weg. Mehrere Tagreisen waren es mindestens. Zunächst kommen die Königspilger ins Zentrum der römischen Provinz Juda. Sie treffen auf die weltlichen und geistlichen Machthaber, auf das Jerusalemer Establishment in Palast und Tempel: König Herodes zum einen, die Hohenpriester und Schriftgelehrten zum anderen. Sie tun nicht mehr als einfach zu fragen. *„Wo ist der neugeborne König?"* Johann Sebastian Bach inszeniert dies in seinem Weihnachtsoratorium kunstvoll, wenn er den Chor gleich neunmal *„Wo, wo, wo?* Wo ist der neugeborene König der Juden?" rufen lässt. Erstaunlicherweise wird den Gefragten daraufhin angst und bange. Provinztyrann und Priesteradel lassen sich von friedlichen Reisenden völlig aus der Fassung bringen.

Ich sinne nach: Wer stellt heute die richtigen Fragen? Könnte das auch unsere Stimme, unsere (penetrante) Frage an die Welt sein? Wo ist bei euch in Wirtschaft und Politik etwas von dem neugeborenen, friedlichen, so gänzlich anderen König zu sehen und zu spüren? *Wo ist der Geist der Versöhnung und der Güte?*

Dann eine überraschende Pointe. Die Sache wird nicht in der heiligen Stadt entschieden: Bethlehem kommt ins Gespräch. Ein unbedeutendes kleines Nest. Auf das Zitat der Schriftgelehrten hin ändern sie ihre Reiserichtung.

Ohne diesen Hinweis hätten sie womöglich ihr Ziel – wenn auch knapp – verfehlt. Welche Religion diese Männer auch immer hatten, sie sind bereit auf die Worte der (jüdischen) Heiligen Schrift zu hören. Ohne das göttliche Wort wäre der Stern ein mehrdeutiges Phänomen geblieben. Doch weiter, die Zeit drängt. Bethlehem ist im Visier.

Station 3: Sternstunde im Stall – fröhliche Verzückung

Kommen sie mit! Wir begleiten die Magier aus dem Morgenland auf dem Weg zum Kind. Ein Kind, in dem sich die Koordinaten Gottes und der Menschen in wunderbarer Weise kreuzen und vereinen. Der Stern zeigt es an, er bleibt über dem Stall stehen. *Wir werden Augenzeugen einer Sternstunde der Menschheit.*

Die Mutter ist allein mit ihrem Kind. Maria betrachtet es, sieht es an. Mit den Augen der Liebe.

In dieser heiligen, andächtigen Stille geschieht es, das Wunder des Glaubens. Die weit gereisten Männer werden in der Tiefe ihres Herzens angerührt und von einer gigantischen Freude überwältigt. „Sie freuten sich mit einer riesengroßen Superfreude." So könnte man den griechischen Text hier wörtlich wiedergeben. Vielleicht braucht es da den Dialekt zur Verstärkung des Verbs: *„Obacha, saumäßig, donderschlächtig"* sagt man in meiner schwäbischen Heimat. Oder einfach „Boa ei, ich fass es nicht…" Von einem Freudentanz ist zwar nicht die Rede, auch von keinem vier-, fünf, oder achtstimmigen Halleluja, aber von einer körperlichen Geste: *Sie werfen sich nieder und beten das Kind an, liefern sich ihm mit dieser Geste gleichsam aus.*

Sie bringen das, was dem königlichen, nein: dem göttlichen Kind ihrer Meinung nach gebührt: Gold, das Geschenk für den ewigen König, Weihrauch, das Geschenk für den wahren Priester, und Myrrhe, das Geschenk für den rechten Arzt. Das alles ist er. Schon jetzt und für immer. Heilender Arzt, priesterlicher Mittler und ewiger Friedenskönig. Welche eine „aufgeladene Szene".

Ja, die Weisen haben es kapiert, auf die Freude und die Freigiebigkeit, auf die totale Hingabe kommt es an. Ganz da sein. Ich bin überwältigt und freue mich mit.

Station 4: Metamorphose – Begegnung mit Folgen

„Sie zogen auf einem anderen Weg wieder in ihr Land." Mit diesem recht prosaischen Satz schließt unsere Erzählung. Gott selbst – so heißt es – habe zu ihnen im Traum geredet. Ich verstehe diese Wendung sehr grundsätzlich: Hier ist eine Erscheinung geschehen. Eine Epiphanie, eine göttliche Begegnung und Weisung ganz im Verborgenen.

Wer Gott begegnet, kann nicht einfach zur Tagesordnung übergehen und ausgetretene Pfade wieder betreten. Wer berührt und überwältigt ist vom Evangelium, tut nicht mehr mit bei den Ränken der Mächtigen, ganz gleich ob in Washington oder Moskau, Jerusalem oder Teheran, sondern muss einen anderen Weg einschlagen, eine Kursänderung vornehmen in seinem Leben. *Metamorphose der Menschheit!*

Erleuchtet von der Liebe des Kindes werden auch wir verwandelt und auf das Wesentliche ausgerichtet. Nicht nur geistliche „Sterngucker" werden wir, sondern fröhliche Herzensmenschen. Menschen die ihr Herz an andere verschenken. Epiphanias heißt: Gott erscheint. Und wir sind mit unserem ganzen Herzen bei IHM und bei den Menschen.

Lasst uns beten:

O König aller Ehren, / Herr Jesu, Davids Sohn, / dein Reich soll ewig währen, im Himmel ist dein Thron; / hilf, dass allhier auf Erden den Menschen weit und breit / dein Reich bekannt mög werden / zur Seelen Seligkeit.

Estomihi (Lukas 10,38-42):[4] Glauben Frauen anders?

Ihr Frauen und Männer, liebe Gemeinde,

Glauben Frauen eigentlich anders als Männer? Unterscheidet sich die Art ihrer Spiritualität wesentlich von der männlichen? Glauben sie emotionaler, ganzheitlicher, mehr mit dem Herzen als mit dem Kopf? Oder umgekehrt: Ist die Stärke männlichen Glaubens gerade die, dass bei ihnen der *Glaube nicht* so sehr den Gefühlsstürmen des Lebens ausgesetzt ist? Positiv: dass sie es ohne gedankliche Klarheit einfach nicht gerne wagen? Zugegeben, das sind Klischees. Vielleicht ist es bei Ihnen ganz anders… Ich gebe Ihnen einen Moment Stille, um darüber nachzudenken.

Ich hatte im Vorfeld das Glück vier Stimmen aus dem Chor einzusammeln, die ich kurz wiedergeben will:

a) „Meine ganz spontane Reaktion auf diese Frage ist, dass ich mir den lieben Gott im rosa Kleidchen mit Strahlenkranz vorstelle, da schon die Frage ein Vorurteil enthält, das ich hiermit provokativ bestätige."

b) „Ich habe es in Gesprächen mit Männern und Frauen erlebt, dass sich eher die Männer kategorisch in Punkto Glauben äußern, während Frauen sich, für Glaubensrichtungen auch anderer Religionen oder deren Inhalte zumindest öffnen und sie diskutieren. Es sind auch die weicheren Zugänge zum Glauben im weiteren Sinne wie Meditation, Esoterik oder andere Körper-Geist-bezogene Bewegungsarten, die hier eine Rolle spielen und sich auf den Glauben auswirken können."

c) „Wenn ich von meiner eigenen Haltung sowie Einzel-Beobachtungen in meinem persönlichen Umkreis ausgehe, komme ich zu dem Schluss, dass Männer eher ‚nach der Schrift glauben', Frauen sind dagegen geneigt, in puncto Glauben ihrer ganz individuellen Gefühlserfahrung sowie auch mystischen Phänomenen zu vertrauen."

d) „Glauben Frauen anders? Weiß ich, wie Männer glauben? Weiß ich, wie ich selbst glaube? Nein, aber ich ahne etwas: Frauen glauben anders, denn sie denken anders und empfinden anders. Vielleicht glauben sie zweifelnder, stellen mehr in Frage. Vielleicht sieht man auch die

---

[4] Marktkirche Hannover 2011.

Früchte besser: Gibt es nicht mehr Diakoninnen als Diakone? Mehr "dienende" Berufswahl aus o.g. Gründen? Eine schwirige Frage! „

Hören wir nun auf den Predigttext aus Lukas 10,38-42

TEXT

Glauben Frauen anders? Versuchen wir ausgehend vom Schwesternpaar Maria und Marta in dieser Frage etwas weiter zu kommen. Vielleicht müssen wir die Frage auch umformulieren. Wie unterschiedlich kann Glaube sein? Ich hoffe jedenfalls, dass auch für uns Männer die „Geschwister-Konfliktgeschichte" etwas austrägt….

Zunächst ein paar nüchterne Informationen: Wie war das eigentlich mit den Frauen im Umfeld Jesu? In Kap. 8 des Lukasevangeliums finden wir folgende Notiz: *Und es begab sich danach, dass er reiste durch die Städte und Dörfer, predigte und verkündigte das Evangelium vom Reich Gottes; da waren die Zwölf dabei, aber es waren auch etliche Frauen, die er gesund gemacht hatte von bösen Geistern und Krankheiten, nämlich Maria Magdalena, von welcher sieben Geister ausgefahren waren und Johanna, die Frau eines Verwalters des Herodes und viele andere, die ihnen Handreichung taten von ihrer Habe.*

Welch eine Entdeckung! Frauen haben offenbar wesentlichen Anteil daran, dass Jesus und seine Freunde ihren Alltag und ihren Lebensunterhalt bestreiten konnten. Sie hielten Jesus den Rücken frei! Welch eine spannende Spur: Frauen sind aus der Geschichte Jesu nicht wegzudenken!

Solche Frauen waren auch Maria und Marta. Sie zogen wohl nicht mit ihm mit, sondern lebten in einem kleinen Ort bei Jerusalem, namens Bethanien. Es gibt ihn bis heute. Offenbar waren sie nicht verheiratet und hatten auch noch einen Bruder mit Namen Lazarus. Er steht im Mittelpunkt einer der größten Geschichten, die das NT erzählt. Lazarus wird krank, so schwer krank, dass er trotz Hoffen, Bangen und Beten sterben muss. Beide Frauen sind gleichermaßen verzweifelt. Unabhängig voneinander sagen sie den gleichen Satz zu Jesus: *Wärest du hier gewesen, unser Bruder wäre nicht gestorben.* Ja *Marta,* setzt sogar noch einen drauf: *Aber du Herr vermagst alle Dinge…* Welch' ein Glaube! Ich wünschte, ich könnte das mit Marta (!) immer sagen. Ihr Glaube ist stark und klammert sich mit aller Kraft an Jesus. Sie wird nicht enttäuscht. Jesus erweist sich für sie als rettender *Herr selbst über den Tod.* Lazarus wird auferweckt, gemeinsam erleben die Frauen ein unfassbares Zeichen Jesu.

Und doch reagieren beide sehr unterschiedlich auf diese Erfahrung, die zwei Schwestern drücken ihren Glauben auf verschiedene Weise aus.

Und das, liebe Gemeinde, ist gut so. Was wären wir als Kirche, wenn alle predigen, alle die Orgel spielen bzw. im Chor singen, alle das Lektoren- oder Küsteramt wahrnehmen wollten? Wenn alle unterrichten oder alle im Besuchsdienst arbeiten wollten? Unterschiedliche Gaben wollen ihren Ort und ihre Anerkennung! Versuchen wir das bei den beiden besser zu sehen.

Marta bestellt den Haushalt und *dient,* wie es so schön heißt. Im griechischen Text steht da zweimal das Wort *diakonia oder diakonein*: dazu gehört auch das, was in reicheren Häusern damals die Sklaven taten: Füße waschen, auftragen, abtragen, aber auch kochen, backen, das alltägliche Essen als kleines Fest gestalten. Sie kann das und erfüllt damit, was Jesus selbst seinen Jüngern immer wieder eingeschärft hat: *Wer unter euch der Größte sein will, der sei euer aller Diener (diakonos).* Marta will, dass ihr Gast, dass der Freund und Meister, zufrieden ist, dass es ihm gut geht, dass er wieder kommt! Sie hat ihn selbst beobachtet: Gastfreundschaft ist ein hohes Gut, das Jesus schätzte und teilweise selbst praktizierte! Und jetzt mal Hand aufs Herz: Was wären wir ohne all die Martas in unseren Gemeinden, die Kuchen backen und Kaffee einschenken, Kranke besuchen, Kinder und Jugendliche begleiten und, und, und. Frauen sind in diesem Bereich richtig gut, Gott sei Dank.

Von Maria heißt es dagegen schlicht: Sie sitzt ihm zu Füßen. Sie will in seiner Nähe sein, lauscht, hört mit dem Herzen. Sie entdeckt sich selbst in seinen Worten, lässt sie tief in ihr Herz fallen. Sie sinnt dem Geheimnis Gottes nach: In dir beginnt das Himmelreich, Maria, Gott kommt zu dir, öffne ihm dein Herz. *Wie ein kleines Senfkorn nur braucht dein Vertrauen sein, Maria. Aber daraus wird ein großer Baum!* Maria ist ganz bei Jesus und lauscht seinen Worten, sie ist gerade darin auch ganz bei sich. Sie schenkt Jesus ihre Zeit, ihr Ohr, ihr Herz, ja sich selbst. Sie erlebt Verwandlung. Ja, liebe Gemeinde, ich kenne viele Frauen, die das gut können: zuhören, ganz da sein. Und ich bin dankbar, dass es sie gibt. In Partnerschaft und Familie, aber auch in der Gemeinde, in der

Seelsorge zwischen Schwestern und Brüdern, in der Andacht und beim Gottesdienst.

Ich meine: Viele von uns Männern könnten darin von Maria lernen: ungeteilt da sein und zuhören, uns beschenken lassen, einmal nicht die Macher sein...

Aber, jetzt doch auch mal Gegenrede, ihr Männer! Gibt es sie nicht auch in männlicher Ausgabe, die Martas *und* Marias? Dann heißen sie halt Martin, Markus oder Mario: der Eine schleppt beim Gemeindefest Bierbänke und Tische oder schwingt den Pinsel bei der Renovierung der Jugendräume. Der Andere singt im Chor – ja, auch das soll es noch geben: singende Männer! - und arbeitet im Kirchenvorstand mit, freut sich daran, die biblische Lesung zu übernehmen. Oder er ist schlicht ein treuer Gottesdienstbesucher. Das Maria- und das Marta-Phänomen sind also kein typisch weibliches.

Stehen beide Ausdrucksformen christlichen Glaubens: die tätige Liebe und das passive Hören also auf einer Stufe? Sind sie nicht beide wichtig? Ja beide *gleich* wichtig? Diese Frage beschäftigt mich seit langer Zeit, liebe Gemeinde. Es geht – wenn wir es einmal etwas weiter fassen – um das grundsätzliche Verhältnis von Hören und Handeln, von Kontemplation und Aktion, von Liturgie und Diakonie. Folgt das liebende Handeln dem Hören auf Gottes Wort? Oder motiviert das Helfen eigentlich erst dazu, auch mal wieder auf das Wort zu hören? Oder ist es einfach wichtig, dass beides irgendwie passiert?

Gönnen wir uns nochmals einen zweiten Blick auf die Geschichte, die – wie ich schon sagte – ja einen richtigen Konflikt enthält! Auf die entwaffnend ehrliche, aber auch vorwurfsvolle Frage der Marta: „Findest du das eigentlich okay, Jesus, was die Maria da macht? Mensch, jetzt sag doch mal was! Maria soll auch mithelfen und nicht nur rumsitzen!" folgt eine klare Ansage: *Eins ist not. Eins ist dran. Eins braucht es notwendig zum Leben! Ja, **eins** hat Bestand auch über dieses Leben hinaus.* Wenn Du seine Worte hörst, wirst du leben, was auch passiert. Darum liege auch du, Thomas, Martina, Gerhard oder Hanna, Jesus zu Füßen. Und lasst das neidische Schielen aufeinander, wer wohl mit seiner Art zu glauben richtiger, besser, Jesus gefälliger ist. Er trägt dich auch auf deinem Weg an hellen und dunklen Tagen, er hält dich fest auch in Ungewissheit und Zweifel.

Müssen wir als Kirche also alles auf eine Karte setzen? Nur Predigt, nur Gottesdienst, Bibel und Bekenntnis? Spiritualität ja, Diakonie, politisches Engagement nein? Wer so denkt, denkt wiederum zu kurz. Der Evangelist Lukas hat ja gerade einige Verse vorher erst (!!) das Gleichnis vom barmherzigen Samariter erzählt und damit das zentrale Gebot der Nächstenliebe uns allen ins Stammbuch geschrieben. Nein, er will unbedingt die Tat der Liebe.

In seiner Apostelgeschichte erzählt er einen Maria-Marta-Konflikt, der gerade umgekehrt verläuft. Die Apostel, also sozusagen die Marias, die für das Wort Zuständigen, schaffen es in der Urgemeinde Jerusalems nicht mehr, die Fülle aller Aufgaben zu versehen. Deshalb wählen sie sieben Diener, sieben Diakone aus, die Bedürfnisse des Alltags machen es nötig. 12 Apostel, um zu lehren und das Evangelium auszuteilen, aber auch 7 Diakone werden gebraucht, um die sozialen Geschicke der Gemeinde zu leiten und zu helfen. So wird ein Schuh draus.

Mit anderen Worten: *Gottesdienst I „ mit Ohren und Herzen"* kann nicht ohne *Gottesdienst II* sein: *mit Herzen, Mund und Händen*, liebe Gemeinde. Marias und Martas brauchen wir beide, braucht unser Glaube, damit wir weiter hoffen und lieben können. Wir können es uns als Kirche nicht leisten, dass die Diakonie aus unseren Gemeinden auswandert. Und wir brauchen das Ganze auch in enger Verbindung und Verknüpfung!

Wir brauchen *diakonische Gottesdienste*, aber auch Andachten und glaubendes Zeugnis in unseren diakonischen Einrichtungen des 21. Jahrhunderts. Eine glaubwürdige und attraktive Kirche braucht lebendige Spiritualität **und** tätige Nächstenliebe. Ich wünsche mir dazu Männer und Frauen in gleicher Weise. Frauen auf der Kanzel und in der Familie, aber auch Frauen im Berufsalltag mit ihren speziellen und individuellen Kompetenzen. Und wünsche mir Männer, die das als Väter mittragen! Aber wir brauchen auch Männer in helfenden Berufen und – die aktuellen Zahlen der männlichen Theologiestudierenden lässt es mich sagen – (wieder) in der Verkündigung und der Lehre.

Problematisch wird das Ganze, wenn einige sagen: Der eigentliche Gottesdienst findet doch im Alltag statt! Diakonie allein ist wirklich gesellschaftlich relevant und das Gebot der Stunde. Theologie studieren, Gottesdienst feiern, das ist ein Auslaufmodell… Das finde ich schräg. So verliert die Kirche des Wortes ihren Grund und ihre Quelle, so trocknen wir geistlich aus! Dann herrschen Ethik und Pragmatismus über Verkündigung und Glaube.

Glauben Frauen anders? Ja, die Pointe ist allerdings: Schon zwei Schwestern glauben anders. Glauben Frauen anders als Männer? Gewisse Tendenzen lassen sich nicht abstreiten: Frauen haben sowohl besondere Marta- als auch Mariaqualitäten und geben uns Männern damit ein gutes Beispiel. Die Geschichte spricht aber auch eine Ermahnung aus: Nehmt einander an mit den Gaben die Gott euch gegeben hat. Gerade euch Frauen sei das gesagt! Aber auch ich mit meinen Martaanteilen will all den Marias und Marios, die „gerne nur hören", keinen Vorwurf machen, sondern ihnen diese elementare Passivität des Glaubens lassen. Sie sind dem Himmel nahe!

Ich merke für mich neu: Ja, das Hören hat eine große Verheißung. Ich will Jesus öfters zu Füßen liegen und lauschen. Ich möchte aber auch den Menschen um mich her richtig zuhören, sie wahrnehmen und spüren lassen, dass sie wertvoll sind. Sie haben meinen Respekt, egal wie alt, jung, gescheit oder weniger gescheit, fromm, oder nicht fromm sie sind. *Denn in ihnen lebt Christus.*

Gibt es eine Person, die beides vereint? Vielleicht ist es tatsächlich die Mutter Jesu. Sie antwortet dem Verkündigungsengel: „Ich bin des Herrn Dienerin. Mir geschehe wie du gesagt hast". Sie nimmt Gottes Wort im Glauben an. Und fängt sie gleich fröhlich an zu singen und zu beten: *Meine Seele erhebt den Herren und mein Geist freut sich Gottes, meines Heilandes.* Und *begleitet Jesus auf seinem Weg hinauf nach Jerusalem bis unter das Kreuz.* So lasst uns glauben und lieben, hoffen und handeln. Jesus folgen und in ihm das Leben haben. Amen.

Laetare (Predigtcollage zu Jesaja 54,7-10 und Markus 6)[5]: *Nur einen kleinen Augenblick verlassen*

I Leiden und Leidenschaft – Gott und Mensch

Liebe Gemeinde,

Passion *einmal anders*. So könnte man die erste Station der kleinen Passion am Stadtberg von Ulrich Gasser überschreiben, aus der wir eben schon einen Ausschnitt hören konnten. Es geht in dieser Station nämlich nicht um die vertraute Passionsgeschichte, um Jesus von Nazareth und seinen Weg nach Jerusalem, nach Golgatha. Und dennoch geht es um Passion: um Leiden und Leidenschaft, einen leidenden Menschen und einen leidenschaftlichen Gott. Aber auch um Gott im Leiden und um leidenschaftliche bisweilen Leiden schaffende Menschen.

Es ist die Geschichte eines Menschen, der mit Jesus seit Kindertagen verbunden ist: Johannes heißt er. Täufer wird er genannt.

II Jesus und Johannes

Zahlreiche Bilder und Lieder künden von ihnen, ja sogar schon von ihren Müttern: *Übers Gebirg Maria geht, zu ihrer Bas Elisabeth* – so klingt es bei Johann Eccard. Dort treffen sich die schwangeren Mütter Elisabeth und Maria und loben Gott für das Leben, das in ihnen entstanden ist. Der Maler Raffael zeichnet ein Idyll: Sie spielen zusammen die beiden Kleinen, wie zwei Engel. Gewalt und Leiden können ihnen nichts… noch nichts anhaben….

Zusammen kommen sie dann erst wieder als junge Männer am Jordan. „Er muss wachsen, ich aber muss abnehmen", sagt Johannes und tauft Jesus.

Seinen auf Jesus gerichteten Zeigefinger hat wie kein anderer Matthias Grünewald am Isenheimer Altar gezeichnet: Schaut auf ihn, schaut auf das Lamm Gottes. Damit beginnt im ersten Kapitel des Johannesevangeliums bereits die Passionsgeschichte. Aus historisch zuverlässigen Quellen wissen wir übrigens, dass der Täufer auch Jünger hatte, und dass es auch nach Jesu Tod noch sog. Täufergemeinden gab…. Jesus

---
[5] St. Martin, Kassel 2014 mit Bezug zu Ulrich Gassers Kleiner Passion am Stadtberg.

von Nazareth wurde zeitweise sogar als wiederauferstandener Täufer gehandelt. Ja, Johannes war eine messianische Gestalt von großer Sprachgewalt.

III Johannes und Herodes

Markus erzählt uns von seinem Schicksal im sechsten Kapitel. Die Story beginnt mit einem Haftbefehl. Herodes Antipas, der galiläische Provinzkönig von Roms Gnaden, sendet Häscher aus. Mit Schwertern und Speeren ziehen sie los, ganz ähnlich wie die Legionäre, die Jesus am Abend im Garten Gethsemane verhafteten. Johannes wird von ihnen ergriffen und eingebuchtet. Warum? Der Täufer hatte sich zu weit aus dem Fenster gelehnt. Er hatte Herodes' Ehe mit der Frau seines Bruders angeprangert. Der Täufer trat damit für das (mosaische) Gesetz ein, das den Ehebruch verbietet. Er nahm kein Blatt vor den Mund und fürchtete die Mächtigen nicht. Darüber hinaus betrachtete er es als Blutschande, wenn das in der eigenen Familie passierte. Das ist ja auch heute nicht gerade nobel, dem Bruder die Frau auszuspannen. Herodes Antipas hatte außerdem auch seine eigene erste Frau verstoßen, um eben jene Herodias zu ehelichen. Sie soll eine rachsüchtige und gottlose Frau gewesen sein. Sie erinnert an Isebel, die Frau des Ahab, von der wir letzten Sonntag hörten.

Es gibt auch weitere Parallelen. Johannes predigt das Gericht, genauso wie Elia. Allerdings entkommt Elia, Johannes nicht. Er wird zum Opfer. Opfer eines politischen Ränkespiels, Spielball weiblicher Intrigen.

IV Salomes Tanz – böse Intrige

An seinem Geburtstag veranstaltet der König ein feucht-fröhliches Gelage. Wahrscheinlich waren hauptsächlich Männer Gäste der zechenden Runde, der Wein floss in Strömen… Zum Höhepunkt des Abends wurden bei solchen Gelagen des Öfteren Prostituierte engagiert. Anders bei Herodes: Die Stieftochter tritt auf. Sie gibt eine Art Stripdance. Ja, Sie haben recht vermutet. Salome heißt sie…. Richard Strauss hat ihr eine ganze Oper gewidmet; und der Tanz der sieben Schleier gehört zu seinen bekanntesten Stücken. In der Musik begegnen sich die Schwüle des Bordells und die Kühle des Kerkers.

Salome tut das, was sonst die Dirnen tun. Vielleicht törnt es sie selbst an, sie tanzt bis zur Ekstase, der eigenen und wohl auch der anwesenden Männer. In Ulrich Gassers Musik kommt das zum Ausdruck. Der Dreiertakt macht den Tanz sinnenfällig. Die Musik belebt sich rhythmisch immer mehr, girlandenartig bewegt sich die Solostimme des lasziven Englischhorns zur rhythmischen Begleitung der Orgel. Das Umkreisen einzelner Töne steht für die Tanzbewegung der Salome.

V Tödliche Falle – teuflisches Dunkel

In Gönnerpose wendet sich der hochgestimmte König Salome zu. „Mädchen, du hast einen Wunsch frei! Bis zur Hälfte meines Königreichs gebe ich dir."

Die Mutter erkennt ihre Chance. Alle haben das waghalsige Versprechen gehört, aus dieser Nummer kommt er mir nicht raus, denkt sie. Skrupellos gewinnt der Plan Gestalt. Nach kurzer Beratung mit der Mutter, äußert Salome einen grausamen Wunsch. Den Propheten will sie. Wer? Um wen geht es? Wer soll…? Ein Raunen geht durch die Menge. Johannes, den renitenten Rufer, den penetranten Propheten will sie, hier beim Fest? Das kann doch nicht wahr sein….

Den Rest kennen Sie von zahlreichen Bildern in Kunsthallen und Galerien. Nur wenige Kerzen brennen noch. Für einen Moment ist es im Palast totenstill. Im Halbdunkel verzieht sich das Gesicht der Herodias zu einem triumphierenden Grinsen, ja zur höhnischen Fratze. Der Henker hat seine Arbeit gut gemacht. Zwischen geilem Gaffen und grusligem Grauen schwankt die Stimmung unter den Anwesenden: Ein silbernes Tablett wird hereingetragen. Darauf: der Kopf des Gottesmannes.

Ähnlich düster endet auch Gassers Musik, das ekstatische Englischhorn kommt allmählich zur Ruhe, der Tanz der sieben Schleier ebbt ab. Am Ende bleiben zwei Töne stehen: ein hohes cis im Englischhorn und ein g in der Orgel. Tritonus heißt das Intervall. Diabolus in Musica. Hat der Teufel also gewonnen? Fast möchte man es glauben.

Was sagt denn wohl Gott dazu? Hat er Gefallen am Tod seiner Leute? Schaut er dem Treiben und Ränkespiel der Mächtigen einfach tatenlos zu? Wo bist du Gott? Möchten wir laut schreien?

VI Von Gott zu Gott

In diese Situation hinein spricht das Wort des Jesaja, das uns für den heutigen Sonntag *Laetare* aufgegeben ist: Gott sagt durch den Propheten:

Siehe, ich habe dich für einen Augenblick verlassen.

Ja, es gibt Augenblicke zwischen Himmel und Erde, die bleiben in einem merkwürdigen Dunkel. Tausende sterben bei einem Tsunami, eine junge Familie kommt bei einem Verkehrsunfall ums Leben. Ohne Schuld. Einfach so. Warum das, Gott? Wie sollen wir das deuten?

Siehe, ich habe dich für einen Augenblick verlassen....

Was der Prophet sagt, ist ebenso erschreckend wie ehrlich. Gott selbst gesteht: Ja, da war was. Ich gebe es zu. Es war dunkel um dich. Ich habe das zugelassen.

Der Grund für die göttliche Abwendung wird zunächst nicht genannt. Das entspricht unserer Erfahrung. Natürlich suchen wir immer nach Antworten, Erklärungsversuchen, wollen Gott rechtfertigen. Die Antworten der Philosophen und Theologen sind vielfältig: Leibniz etwa sagte: Bei 1000 Geburten ein totes Kind? Ist das nicht immer noch die beste aller möglichen Welten? Er ist also trotz allem Anschein gütig. Und Lessing meinte: Gott erzieht uns, er will uns prüfen und stark machen…

Martin Luther hat das unverschuldete Leiden nicht erklärt, sondern vom verborgenen Gott geredet. Ein Gott, der rätselhaft wegschaut.

Im Gegensatz zu dem ganz anderen Gott, der bei Jesaja dann freilich auch zu Wort kommt.

Hört auf ihn, ihr Männer und Frauen. Er sagt:

Ich habe dich von Herzen lieb. Mit großer Barmherzigkeit will ich dich sammeln. Ich hole dich nach Hause zu mir.

Ein „Backofen voller Liebe" – so Luther- , ja auch das ist Gott, das ist der eigentliche Gott, es ist der Vater Jesu Christi. Darum flüchte von Gott zu Gott, vom rätselhaft fremden zum gnädigen Gott! Der eine schafft Leiden, der andere liebt leidenschaftlich… Welch eine unerhörte Spannung! Gott gegen Gott?

Hilft das?

Ich meine: Ja. Mir hilft dieser Gedanke. Er erklärt nicht alles Leid in der Welt. Das können wir sowieso nicht. Aber es hilft mir, mit den Spannungen in dieser Welt theologisch umzugehen. Gott ist nicht einfach nur lieb. (Nach dem Motto: Sein Job ist Vergeben und gnädig sein…)

Das Schicksal des Johannes zeigt: Manchmal werden gottesfürchtige Menschen in das Ränkespiel der Bösen hineingerissen. Manchmal werden sie zu Opfern, müssen sogar ihr Leben hergeben. Das ist schrecklich. Das schreit förmlich zum Himmel. Dafür gibt es bis heute keine vernünftige, plausible Antwort. Aber – so viel dürfen wir sagen: Es herrscht nicht Funkstille. Vom Himmel her ist es nicht stumm. Denn Gott sagt euch:

Ich habe mein Angesicht nur ein wenig vor dir verborgen, aber mit ewiger Gnade will ich mich deiner erbarmen.

Wie damals bei Noah soll es sein. Die ganze Welt stand unter Wasser, aber Noah (und seine Familie) habe ich gerettet.

Ich schwöre dir: Mein Zorn (meine Wut) ist vorüber, für immer. Es sollen wohl Berge weichen und Hügel hinfallen. Aber meine Gnade soll nicht von dir weichen

Und der Bund meines Friedens soll nicht hinfallen. Das sagt Gott, der Herr, dein Erbarmer, Gott, der dich herzlich liebt.

VII Liebe wird zur Tat

Gott setzt schlechthin alles ein gegen das Leid, was er aufbieten kann. Sein Wort, sein großes Liebesversprechen, ein Schwur ewigen Bundes: Friede soll unter euch sein!

Kraftworte gegen teuflische Intrigen und menschliche Katastrophen: Euer Leben soll nicht an Gewalt und Brutalität kaputt gehen. Ich selbst stehe dafür ein.

Und es bleibt auch nicht nur bei seinem Wort. Gottes Liebe wird zur Tat, bekommt Hände und Füße.

Jesus hat genau dafür gekämpft. Nicht erst am Kreuz. Schon zu Lebzeiten steht er ein für die Schwachen und Entrechteten am Rand der Gesellschaft. Und dann geht dieser Weg weiter für die Freunde, für die Entrechteten. In schrecklicher Nacht spürt er, was menschliches Leid ist und schreit dieses Gefühl hinaus und hinauf zu ihm. Mein Gott, warum hast du mich verlassen?

Ist Jesus genauso kläglich verendet wie Johannes? Fast sieht es so aus. Das Kreuz allein könnte uns diesen Gedanken zumuten. Aber heute ist Lätare, das kleine Ostern in der Passionszeit. Ein vorösterliches Zwischenhoch zum Aufatmen.

Und deshalb sei gesagt: Was uns heute Morgen hier in der Martinskirche zu Kassel verbindet, ist nicht nur unser Leiden an dieser Welt und das Kreuz, sondern auch das Licht österlicher Hoffnung. Ja, ich glaube fest: Der Schrei Jesu erstarb nicht in der Nacht, er wurde erhört. Auch ihm dem Juden Jesus galt das Wort

Es sollen wohl Berge weichen und Hügel hinfallen, aber meine Gnade soll nicht von dir weichen. Und er durfte Erhörung erfahren. Eine Rettung, aus der wir bis heute leben.

VIII Nimm ihn beim Wort

Gott sei Dank: Wir müssen also nichts schön reden: Erdbeben, einstürzende Berge gibt es. Auch in meinem, auch in deinem Leben.

Wir müssen schon gar nichts verdrängen. Denn Gott selbst nennt die Dinge beim Namen und stellt sich dem Leiden leidenschaftlich entgegen. Er tut das, um dich zu trösten. Der Bund meines Friedens hält, sagt er.

Wenn du nachts Angst hast, und nicht weißt, wie du den nächsten Tag schaffen sollst, dann ruf zu ihm. Nimm diesen Gott beim Wort. Vertrau dich ihm an. In Jesus kommt er dir entgegen. Er streckt seine Hand aus und sagt dir: Du bist und bleibst mein Kind. Heute und morgen und immer. Amen.

Gemeinsames Lied: *Menschen gehen zu Gott*[6] (Dietrich Bonhoeffer)

---

[6] Vertonung Jochen Arnold, Liederheft KlangFülle für den *Deutschen Evangelischen Kirchentag* in Hamburg, 68.

Palmarum (Philipper 2,5-11):[7] Fallen lassen

Liebe Gemeinde!

I Ein tiefer Fall

„Du kannst nicht tiefer fallen als in Gottes Hand!" Mit diesem Satz hat sich Margot Käßmann vor wenigen Wochen unter dem Blitzlichtgewitter der Fotografen zu ihrem Glauben an Gottes alles umfassende Güte bekannt. Nach einem Vorfall, den viele – wie ich auch – sicher sehr bedauern. *Du kannst nicht tiefer fallen als in Gottes Hand.* Fallen, Stürzen, in den Abgrund sehen. Eine Urangst der Menschheit, vor allem derer, die hoch hinaus wollen. Schon in der griechischen Ikarus-Sage kommt das vor:

Um seinem Peiniger, dem König Minos zu entkommen, hatte der kluge Baumeister Dädalos für sich und seinen Sohn Ikaros Flügel aus Vogelfedern gebaut, die er mit Wachs verbunden hatte. Nach einem ersten Flugversuch legte er auch dem Sohn die Flügel an. Die Menschen staunten nicht schlecht, als sie die beiden fliegen sahen und dachten schon, die Götter selbst seien unterwegs. Leider vergaß Ikarus bald die Warnungen des Vaters und stieg immer höher hinauf, als ob er den Himmel erreichen wollte. Die Nähe der flammenden Sonne erweichte das Wachs, das die Federn zusammenhielt so sehr, dass sie sich nach und nach ablösten. Seine Schreie und Hilferufe nach dem Vater halfen Ikarus nicht, er versank in den blauen Wellen des Meeres. Noch heute trägt es seinen Namen.

II Gehört das Fallen zum Menschsein?

Zum Glück fliegen wir heute nicht wie Ikarus eben mal so schnell zur Sonne, aber Abstürze kennen wir, kleine und große, berufliche und private. Wie gehen wir mit dem Fallen um?

„Mit wachsender Geschwindigkeit aus großer Höhe fallen, *das ist das Leben*" schreibt der alte Leo Tolstoi in sein Tagebuch. Denkt der große russische Dichter dabei an eine Art seelisches Bunjee Jumping? Womöglich an ein beinahe masochistisches Sich-Niederwerfen, um danach zu neuen Höchstleistungen wieder aufzustehen? Er fährt fort: „Das muss man wissen, damit man vernünftig lebt, und sich nicht darüber wundert,

---
[7] St. Michael Hildesheim 2010.

dass man fällt, sich nicht an etwas klammert, an dem man vorüberfliegt, man zerschindet sich (sonst) nur die Hände." Aber kann man das denn? Sich unverletzt, unbeschadet fallen lassen, ohne instinktiv die Hände auszustrecken, um sich festzuhalten?

Auch unsere Epistel für den heutigen Palmsonntag beschreibt einen Sturz. Einen wahrhaft weltbewegenden Sturz:

Text I: Philipper 2,5-8

III (K)ein Raub?

Sicher sind diese Worte vielen von uns vertraut. Ich halte sie für einen der Höhepunkte neutestamentlichen Redens von Jesus Christus. Wir haben hier ein Glaubensbekenntnis, einen gottesdienstlichen Lobgesang vor uns, sagen die Gelehrten. Paulus zitiert dieses Lied, um seiner Gemeinde vor Augen zu stellen, was ihr Leben trägt. Vielleicht haben sie es sogar gemeinsam gesungen. Paulus sagt damit auch, woran sie sich orientieren können: *Ein jeder sei gesinnt, wie dieser Christus auch war!*

Göttlich war er, der Sohn des Vaters, das ewige Wort, die schöpferische Weisheit. Aber er hielt seine Gottgleichheit nicht für einen Raub, für eine Beute. Ein spannendes Bild, Jesu Kommen in die Welt mit dem Handeln eines Räubers zu vergleichen: Ein Räuber versucht, das Erbeutete schnell weg zu schaffen. Das hat man auch im Anschluss an den spektakulären Raub in Berlin vor kurzem wieder gehört. Er vergräbt seinen Schatz, vielleicht überweist er den Wert rasch auf ein Schweizer Konto, vielleicht macht er eine Weltreise, kauft sich ein Ticket nach Rio oder nach Bangkok. So wird dann aus dem Kapitalverbrecher womöglich ein Globetrotter.

IV Weltreise in den Abgrund

Auch Jesus macht eine Weltreise, eine königliche Weltreise. Nicht mit geraubtem Gut hat er sich aufgemacht. Im Gegenteil. Seine göttliche Lichtgestalt hat er abgelegt. Er geht den Weg in die Armut, legt sich in eine Futterkrippe, wächst auf bei einfachen Leuten. Die Jugendlichen würden sagen: Er war freiwillig ein „Looser", ein „Opfer". *Sklavennatur nahm er an.* Das war und ist die niedrigste Form menschlicher Existenz, Sklave ist bzw. war einer, der nicht sein eigener Herr ist, sondern *anderen gehört*. In antiken und neuzeitlichen Gesellschaften rangierten Sklaven immer an letzter Stelle. Deshalb wurde er auch von den Mächtigen verkannt und verschmäht. Dass ihm das Volk einmal so richtig zujubelt, als er am Palmsonntag in Jerusalem einzieht: Gelobt sei, der da kommt im Namen des Herrn, Hosianna dem Sohne Davids, das war nur ein Zwischenhoch, sagt Paulus.

Diese Palmsonntagsepisode kann die rasante Dynamik Richtung Karfreitag nicht aufhalten. Dem Hosianna folgt das „Kreuzige ihn!". Das Geschick des göttlichen Gesalbten steuert unaufhaltsam auf sein Ende zu. Auf einen Prozess, der mit der grausamsten aller Todesarten endet: Tod am Kreuz zusammen mit zwei Schwerverbrechern. Jesus von Nazareth: König der Juden oder Volksaufwiegler, einem Räuber gleich? Ein König, ja Gott selbst am Kreuz, das ist nicht nur in der Antike, sondern bis heute ein Skandal, machen wir uns nichts vor, liebe Gemeinde. Die göttliche Mission scheint gescheitert in der Finsternis der Gottverlassenheit.

Ein Seiltänzer schreibt in seinen Memoiren: „Vom Hochseil zu fallen ist fürchterlich. Nur ein Sturz macht der Menschenmenge klar, dass das alles kein Trick ist. Doch dann liegt eine Leiche auf dem Asphalt und deren Wahrheitsgehalt überzeugt sie mit kaltem Schauer." Sollen wir heute Morgen also nur die bittere Wahrheit von Abstürzen anerkennen, liebe Gemeinde, und resigniert eingestehen, dass auch unser Herr und Heiland ein abgestürzter himmlischer Seiltänzer war?

Wir nehmen diese Frage mit in ein Lied Martin Luthers: EG 341,4-6

Gemeinde singt

V Schuldräuber

Wir sind gerade Ohrenzeugen eines göttlichen Ratschlusses geworden, wurden hineingezogen in einen innergöttlichen Dialog, liebe Gemeinde, und sehen: Es war ein geplanter Sturz. Aber damit nicht genug. Die vermeintlich unmögliche Mission – alle Welt einschließlich der besten Freunde hielt sie für gründlich gescheitert – wird zur Erfolgsmission, zur heiligen Mission. Hören wir weiter!

Text II: Philipper 2, 9-11

Nein unser Lied endet nicht mit dem Kreuz. Der Sturz ist zugleich ein Sprung, ein himmlischer Quantensprung. Und das Beste dabei ist: Nicht nur Jesus, sondern wir alle werden gleichsam mit hinauf *katapultiert in die göttliche Sphäre.* Gott selbst tritt auf den Plan, damit wir nicht ins Nichts fallen, sondern dorthin, wo das Leben ist, in die Hand Gottes.

„Dieser Mann ist wahrlich Gottes Sohn gewesen", bekennt der römische *Centurio* unter dem Kreuz und ahnt etwas von der kosmischen, weltverändernden Dimension des Ereignisses.

In der Weltreise Jesu Christi liegt also eine große Verheißung, liebe Gemeinde. Seinem radikalen Verzicht folgt unser Gewinn. Ohne Haken, ohne Bedingung. Aus dem Sprung des einen in die Tiefe der Welt, wird der Sprung in die Höhe für alle. Welch eine großartige Perspektive. Lothar Zenetti bringt es in einem Gedicht auf den Punkt:

Drei Räuber

Kreuzigt man heute

Auf Golgatha

Der linke nahm mir mein Geld,

der rechte nahm mir mein Gut,

der in der Mitte nahm mir meine Schuld.

Drei Räuber

Kreuzigt man heute

Auf Golgatha.

Der stürzende Jesus wird zu einem Räuber höherer Ordnung. Zum Schuldräuber und Schuldentilger. Damit hat er viel, nein alles gewonnen: die Welt versöhnt und uns zu Freunden Gottes gemacht.

Der Sohn Gottes hat aus Sklaven freie Leute gemacht *und uns neues Leben geschenkt.* Jetzt könnten wir eigentlich dankbar „Amen" sagen.

Aber unser Hymnus ist verknüpft mit einer Ermahnung: *Ein jeder sei gesinnt, wie Jesus auch war.* Geht das denn, liebe Gemeinde? Kann der, der den göttlichen Himmel verließ, um uns nach Hause zu bringen, ein Vorbild für uns sein? Ist das nicht des Guten zu viel?

VI Vorbild Christus

Mir fällt auf, dass wir in unserer Gesellschaft zur Zeit wieder eine intensive Diskussion um Vorbilder haben. Was sollen Vorbilder denn können? Ja, gibt es das heute noch, echte Vorbilder? Neueste Umfragen unter Jugendlichen belegen, dass es nicht die Popstars und die Sportler, auch nicht die Filmstars und Models, die jungen Menschen ein Vorbild sind, sondern *Menschen, die lieben, die aus Überzeugung sich einer Sache widmen, ja sich mit Hingabe für andere einsetzen.* Oft sind es erstaunlicherweise die eigenen Eltern, die hier genannt werden. Von ihnen erfahren junge Menschen am ehesten Zuwendung und Liebe.

Ein jeder sei gesinnt wie Jesus Christus auch war, das könnte heißen

Lebt nicht wie Räuber, haltet euch nicht an Gütern fest. Seid freigiebig, lebt als Liebende.

Lebt als Menschen, für die ein Fall keine Katastrophe ist! Seht darin Chancen des Aufstehens, der Auferstehung.

Das ist ein radikales Gegenprogramm zu dem, was sonst in dieser Welt gilt: Menschen setzen auf ihre Klugheit, auf ihre Macht, auf ihr Aussehen oder ihre Überzeugungskraft. Wir setzen auf Gemeinschaft mit dem Gekreuzigten. Er ruft uns zu: „Halt dich an mich. Es soll dir jetzt gelingen. Ich geb mich selber ganz für dich. Da will ich für dich ringen. Den Tod verschlingt das Leben mein, mein Unschuld trägt die Sünde dein, da bist du selig worden."

VII Fallen lassen

Mit dieser Zusage „Halt dich an mich", liebe Gemeinde, lässt es sich fallen und wieder aufstehen, gelassen leben und getrost sterben.

Seid gesinnt wie Christus, das heißt: Lass los. Lass im Vertrauen auf ihn die Dinge geschehen. Meister Eckart sagte einmal: „Geh völlig aus dir heraus um Gottes willen, so geht Gott völlig aus sich selbst heraus um deinetwillen."

Lass dich auch heute Morgen fallen in seine Hand, denn tiefer kannst du nicht fallen.

Dieser Satz hat seinen Grund im Sturz Jesu, der zugleich ein Quantensprung zu neuem, ewigem Leben ist. Für dich und für mich und für alle Menschen. Noch viele – ja hoffentlich alle - werden es merken und ihre Stimme zu seinem Lob erheben. Dann wird erfüllt, was unser Lied schon jetzt zu sagen wagt:

auf dass aller Zungen bekennen, dass Jesus Christus der Herr sei zur Ehre Gottes des Vaters. AMEN

Gründonnerstag (Hebräer 2,10-18):[8] Nachrichten aus einer anderen Welt

Liebe Gemeinde!

Dunkel ist es schon draußen, als die Letzten eintreffen und hereinhuschen. Wie jeden Sonntag versammeln sie sich auch heute Abend in dem kleinen Haus in der süditalienischen Hafenstadt. Markus mit dem Beinamen der Hebräer und seine Frau Miriam sind dabei. Wieder sind es zwei weniger, die in einem kleinen Saal im Untergeschoss Platz finden zum Gottesdienst. In der Mitte auf dem massiven Tisch liegt ein Brot, das nach jüdischer Sitte gebacken ist. In einem großen Kelch ist Wein eingeschenkt zur Erinnerung an die Nacht der Nächte, als Er, auf dessen Wiederkunft sie so sehnlichst warten, sagte: *Das ist mein Leib, der für euch gegeben wird.*

Etliche aus der kleinen Gemeinde waren schon in Haft oder mussten einen Teil ihres Besitzes hergeben für ihren Glauben. Ob ihre Kraft reichen wird, das alles auszuhalten? Ob sie die neuerliche Verfolgung des Kaisers Domitian überleben werden? Auch Miriam zweifelt, mehrmals war sie kurz davor, alles hinzuwerfen und ihrem Glauben abzuschwören…

Markus schaut in die ängstlichen Gesichter der Anwesenden und begrüßt die Geschwister mit fester Stimme. „Schaut doch, was ich bekommen habe." Er entfaltet eine Schriftrolle aus Papyrus. „Wir haben ein Schreiben bekommen, von einem unbekannten Verfasser in griechischer Sprache." Ein Raunen geht durch die Runde. „Merkwürdig. Geheimnisvoll." *Lies vor!* Ruft Clemens, ja fang gleich an damit, bekräftigt Ruth.

Markus beginnt mit feierlicher Stimme: *Nachdem vorzeiten Gott manchmal und auf mancherlei Weise geredet hat zu den Vätern durch die Propheten, so hat er in diesen letzten Tagen zu uns geredet durch den Sohn.*

Er ist der Abglanz seiner Herrlichkeit und das Ebenbild seines Wesens. Er hat vollbracht die Reinigung von unseren Sünden und sich gesetzt zur Rechten der Majestät in der Höhe. Darum ist er viel höher geworden als die Engel…

---

[8] Hildesheim, St. Michael 2007.

Manchen unter den Anwesenden kommt das alles bekannt vor. Doch gerade den Jüngeren, vor allem denen, die nicht jüdischer Herkunft sind, ist es fremd. Es sind Worte aus einer anderen Welt.

Nach einer kleinen Pause fährt Markus fort: *Den aber, der eine kleine Zeit niedriger gewesen ist als die Engel, Jesus, sehen wir durch sein Todesleiden gekrönt mit Preis und Ehre, damit er aus Gnade für alle den Tod schmeckte.*

So hat Gott durch ihn viele zur Herrlichkeit geführt und ihn zu einem Herzog der Seligkeit gemacht. Ja, er schämt sich nicht, sie alle seine Brüder zu heißen, wie es schon in Psalm 22 heißt: Ich will verkündigen deinen Namen, Gott, meinen Brüdern inmitten der Gemeinde.

Christus ist unter uns, murmelt Matthias, ja er selbst redet zu uns durch dieses Wort, stammelt Ruth. Er ist mächtiger als die Römer, er ist der Herzog unserer Seligkeit. Ihn hat Gott erhört und erhöht. Er wird auch uns erhören. Spontan stimmen sie ein Lied an, das diesen gekreuzigten und auferstandenen Herrn anruft.

Gemeinsamer Gesang *Per crucem (Taizé)*[9]

So ähnlich könnte es gewesen sein, liebe Gemeinde, als die frohe Botschaft des Hebräerbriefs eine urchristliche Gemeinde erreicht hat. Doch es geht noch weiter, und das Schöne ist, sie gilt auch uns:

Weil nun die Kinder, die Gott ihm (Christus) gegeben hat, Fleisch und Blut haben, hat auch er Fleisch und Blut angenommen, um durch seinen Tod dem die Macht zu nehmen, der des Todes Gewalt hat, das ist der Teufel. Um alle zu erlösen, die durch Furcht vor dem Tod in ihrem ganzen Leben geknechtet sein mussten. Daher musste er in allen Dingen seinen Brüdern gleich werden, damit er barmherzig würde und ein freier Hoherpriester vor Gott, zu sühnen die Sünden seines Volks. Denn worin er selbst gelitten hat und versucht ist, kann er denen helfen, die versucht werden.

Worte mit Gewicht, liebe Gemeinde. Jesus Christus in Person und Werk wird verkündigt. Gute Nachricht zum Leben, auch heute.

Ich versuche dazu drei knappe Entfaltungen:

---
[9] Lieder LebensWeisen zum Kirchentag Hannover 2005, 77.

1. Jesus, einer wie wir (Sympathie)

Weil nun die Kinder, die Gott ihm gegeben hat, Fleisch und Blut haben, hat auch er Fleisch und Blut angenommen – Und musste in allen Dingen seinen Brüdern gleich werden.

Jesus einer wie wir. Das ist die erste gute Nachricht. Gott hat keinen weltfremden Supermann zu uns geschickt, sondern einen, der selbst leidet und Angst hat. Der zittert und zagt im dunklen Garten draußen vor der Stadt. *Er wünschte sogar, dass der Kelch an ihm vorüber ginge, dass Gott ihm diesen Leidensweg ersparen möge. Der Hebräerbrief nennt das Versuchung.*

Jesus kennt unsere Not, wenn wir nicht mehr glauben können, wenn wir alles am liebsten hinschmeißen und zu Gott sagen wollen: Lass mich in Ruhe, ich kann nicht mehr an dich glauben. Es sind Situationen, wenn eigenes Leid oder die Not anderer Menschen so mächtig werden, dass wir an der Güte Gottes zweifeln, ja verzweifeln. Diese Not kennt er allzu gut.

Und diese Not macht Jesus *sym-pathisch,* im besten Sinne des Wortes: denn Sympathie kommt von Mitleiden, Mitleid empfinden können. Jesus, mit dem wir nachher in Brot und Wein Gemeinschaft haben, ist ein Herzensmensch, einer, der weiß, wie sich Angst anfühlt, also mitfühlen kann. *Jesus, einer ganz wie wir,* einer, der mit einfachen Fischern und gelehrten Priestern, mit stolzen Aristokraten und frommen Pharisäern in gleicher Weise Kontakt hat, ja sogar die Tischgemeinschaft mit Huren und Zöllnern nicht scheut. Ein Mensch zum Anfassen. Einen Fresser und Weinsäufer haben sie ihn genannt, weil er so ganz auf Augenhöhe war mit den Leuten und fröhlich mit ihnen feierte. Das meint der Hebräer, wenn er sagt: *Unser Bruder ist er geworden.*

Jesus einer ganz wie wir. Sympathisch. Mit Gefühlen kennt er sich aus, Gefühlen der Freude und der Trauer, der Zuversicht und der Angst. Als solcher will er Gemeinschaft haben mit uns an seinem Tisch. Lasst uns ihn anrufen mit einer Liedstrophe, die wir im Wechsel mit der Kantorei singen. Darin dürfen wir umgekehrt mit ihm mitfühlen und zugleich erleben wie er Einer von uns ist.

Gemeinsames Lied: Seht hin (EG 95,1 A Kantorei, B Gemeinde)

2. Christus, einer ganz anders als wir

Er ist der Abglanz der Herrlichkeit Gottes, das Ebenbild seines Wesens. Er ist der Herzog unserer Seligkeit, ein treuer Hoherpriester vor Gott.

Was jetzt auf dem Hintergrund dieser Sätze zu entfalten ist, liebe Gemeinde, ist die zweite gute Nachricht: Christus ist göttlicher Natur und Herkunft. Das setzt das eben Gesagte nicht außer Kraft. Es ist auch keine Überhöhung des Menschen aus Nazareth, so wie man auf alten Bildern einen Heiligenschein gemalt hat; auch keine Vermischung, so wie aus Schwarz und Weiß ein langweiliges Grau wird. Nein, es geht um ein entschiedenes Sowohl als Auch. Jesus ist ganz Mensch und ganz Gott. Insofern ist er auch *totaliter aliter*, ganz anders als wir. Der Hebräerbrief nennt ihn deshalb den *letzten und eigentlichen Hohenpriester Gottes.*

Ich erlaube mir an dieser Stelle einige Punkte zu beleuchten, die heute in der kirchlichen und theologischen Diskussion zu diesem Thema höchst umstritten sind.

a. *Der Hohepriester Jesus Christus bringt nicht dem zornigen Gott ein blutiges Opfer dar*, um dessen Zorn zu stillen, genauso wenig das der Aaron im Alten Bund getan hat. Der Hohepriester handelt im Auftrag und in der Vollmacht des Vaters. Er ist nicht ein perfekter Übermensch, der den Gerichtszorn seiner Vaters besänftigen müsste. In Christus tritt der versöhnende Gott selbst auf den Plan. Wenn wir theologisch überhaupt von einem Opfer sprechen, dann am besten nur in einem Sinne: als ein Opfer für uns, nicht als Opfer vor Gott. Deshalb ist es höchst missverständlich und unglücklich, wenn in der katholischen Messe bis heute die Formulierung gebraucht wird, dass die Eucharistie als ein Opfer der Kirche vor Gott hingestellt wird. Besser finde ich übrigens den Begriff der Hingabe, der schon auf das Sakrament des Abendmahls hinweist. Ein für allemal ist es geschehen, das göttliche Wunder und soll sich deshalb durch die Wiederholung der göttlichen Zusage tief in unserem Gedächtnis einprägen. Darum dürfen wir das Mahl Christi immer wieder neu feiern, ja uns von ihm hineinziehen lassen in die Kraft seiner Erlösung.

b. Jesus hatte Angst, weiß, wie Leid und Trauer sich anfühlen. Der Hohepriester hat gelitten, aber **er hatte keine Schuld**, er ist kein Sünder wie wir, darin liegt die Kraft seiner Mission. Eine Mission, die den vollen göttlichen Einsatz brauchte. Das ist der tiefere Sinn der neutestamentlichen Rede von der Sühne. Der Schöpfer selbst musste auf den Plan treten, um seine Schöpfung, durch die ein unheilvoller Riss geht, zu heilen. Nur er, durch den alle Dinge gemacht sind, kann das Böse, das uns täglich quält, aus der Welt schaffen, nur er, der selbst ohne Sünde ist, kann uns entsühnen. Ich meine, dass wir das gegen eine allzu ofte „weichgespülte" Theologie der Gegenwart festhalten müssen.

Christus – Einer ganz anders als wir. Gott sei Dank, ist das so, liebe Gemeinde. Denn ein Jesus, der nur leiden und sterben würde und uns darin ähnlich wäre, könnte mich, könnte uns in unserer Angst vor dem Tod nicht trösten. Er wäre dann ein Märtyrer wie viele Anderen.

Weil Christus ganz anders ist als wir, kennt er nicht nur das Leid und die Schuld dieser Welt, sondern kann *sie auch für uns tragen*, ja besser*: für uns wegtragen, fortschaffen.* Im Gegensatz zum alten Bund, ist der Hohepriester Christus nicht einer, der als Bevollmächtigter Gottes einem Tier die Last der Sünde aufstemmt und es alljährlich stellvertretend für das Volk in den Tod schickt. Christus ist Einer, der beides in einer Person ist, das Opfer und der Priester, oder sagen wir besser: *Geber und Gabe. Und zwar ein für allemal, damit alles gut wird. Dies feiern wir nachher* beim Abendmahl: Jesus lädt uns ein und gibt darin zugleich sich selbst.

Lasst uns diesem Geheimnis in dem alten Abendmahlslied nachspüren, das wir auch nachher noch in leicht variierter Form singen: *Christe, du Lamm Gottes.*[10]

3. Jesus Christus, ganz auf unserer Seite

Liebe Gemeinde! Vielleicht haben Sie bis jetzt aufmerksam zugehört, aber zugleich gedacht: Alles ganz interessant, aber was habe ich persönlich denn von diesem leidenden Jesus Christus? Unser Brief öffnet uns eine Perspektive, die uns zutiefst erschauern und zugleich jubeln lässt. Damit sind wir bei der dritten guten Nachricht: *Er hat dem, der die Gewalt des Todes hatte, die Macht genommen, dem Teufel. So hat er die Kraft die zu erlösen, die geknechtet sind von Furcht.*

Da hat sich etwas verändert. Da hat ein Kampf stattgefunden, der Himmel und Erde erschütterte. Das war kein harmloses Scharmützel, son-

---

[10] Liederheft KLangFülle, Deutscher Evangelischer Kirchentag Hamburg, 86, Fassung B.

dern eine schwere Auseinandersetzung, allerdings mit einem klaren Gewinner: *dem Tod ist der Giftzahn gezogen. Und das hat Folgen für dich und für mich.* Christus hat euch den Himmel auf- und die Hölle zugeschlossen. „Ich kann nicht tiefer fallen als in meines Jesu Arme!" Das hat sogar der kritische Neutestamentler Rudolf Bultmann gesagt. *Diese Gewissheit dürft ihr schmecken, wenn ihr nachher an seinem Tisch Brot und Wein teilt. Und er selbst zu euch sagt: für dich gegeben, für dich vergossen.* **Der Himmel steht euch offen, weil dieser Herr ganz auf eurer Seite ist.** *Und das für Gott und für uns, damit der Tod schweigt und das Leben siegt. Amen.*

Karfreitag (Matthäus 27 und Psalm 22):[11] *Warum hast du mich verlassen?* (mit EG 381)

Liebe Gemeinde,

lange hat sie gewartet. Immer wieder ist sie aufgestanden und ans Fenster gegangen, hat gelauscht, ob sie nicht ihre Schritte hören könne. Aber sie kam nicht. Dabei hatte sie sich so gefreut, hatte gehofft, sie würde ihr Versprechen halten. Selten hat sie jemand so dringend zum Reden gebraucht wie jetzt.

Ich muss diese Situation nicht weiter ausmalen. Solche Geschichten kennen Sie sicher auch. Da ist gerade eine Freundschaft zerbrochen, eine Beziehung beendet, ein Arbeitsplatz weg oder gar ein lieber Mensch gestorben….Und dann fühlt man sich auch noch im Stich gelassen vom besten Freund oder der besten Freundin.

Ja, eine solche Erfahrung schmerzt. Vielleicht ist sie manchmal schlimmer als das Leid selbst. In der Passionszeit muten wir uns zu, solche Erfahrungen zu bedenken. Sich ihnen zu stellen, auch vor Gott. Dabei geht es unter Umständen sogar um das Gefühl, nicht nur von Menschen, sondern auch von *Gott* verlassen zu werden…

Ist das überhaupt möglich, dass Gott sich abmeldet oder wegschaut? Treulos? Herzlos? Grausam?

Ja, es ist möglich. Und mit dieser Versuchung umzugehen, ist Passion Thema und Grund der Passion Christi. Wir muten uns das zu, ich mute Ihnen heute Morgen diese Frage zu: Wir stellen uns einem Drama in der Weltgeschichte, der finstersten Seite des schwarzen Freitags. Schlimmer als Schläge und Spott von Menschen ist das, was in Gott selbst stattfindet. Es ist von solchem Ausmaß, dass es über dem ganzen Land finster wird, drei Stunden lang. Wir werden Zeugen einer abgründigen Auseinandersetzung zwischen Vater und Sohn. Und hören seinen Schrei in die Nacht:

Gott, mein Gott, warum hast du mich jetzt auch noch verlassen?

So betet Jesus mit den Worten Davids, mit den Worten seines jüdischen Volkes, mit einem Volk, das wahrlich genug Gottesfinsternis erlebt hat in

---
[11] Diekholzen und Barienrode bei Hildesheim 2006.

seiner Geschichte und weiß wovon es spricht, wenn es so ruft und schreit. Zuerst die Babylonier, dann die Römer und dann gar noch wir Deutschen, eine Geschichte voller Gewalt, aber zugleich, ein Festhalten an dieser Frage, am Klageruf: *Eli, Eli, lama sabathani?*

Wir singen: Gott mein Gott, warum hast du mich verlassen? EG 381, 1. Str.,. Zeile 1

Nehmen wir uns kurz Zeit, den Liedruf in der Stille nachklingen zu lassen und uns eigene Gedanken zu machen. Wir lassen die Erinnerungen zu, das Gefühl, verlassen ja, vergessen worden zu sein. Vielleicht waren es Menschen, die dich enttäuscht haben, vielleicht Freunde, vielleicht Gott? PAUSE

Schließe jetzt nochmals die Augen. Vielleicht sind dir gerade Bilder in den Sinn gekommen: die ausweglose Situation in einer Ehekrise, in der dich selbst die besten Freunde im Stich gelassen haben? Haben dich Menschen gekränkt, und dann hast du gebetet und keine Antwort bekommen? Hast du als Kind zu Gott gebetet und dir etwas gewünscht und dann keine Antwort bekommen?

Vielleicht auch Bilder aus dem Fernsehen dazu: voller Wut und Hilflosigkeit haben wir sie im Gedächtnis: die brennenden Türme des World Trade Center, die Leichen im Kosovo und in Bosnien, die Opfer von Eschede?

Mich befällt immer wieder das gleiche Schauern, Gefühle der Beklemmung, der Verlorenheit, aber eben auch der Frage: *Wo bist du Gott, wenn das alles geschieht?*

Ich möchte diese schwierige Frage aufnehmen und drei Gedanken formulieren, die uns dabei helfen sollen, den tieferen Sinn des Karfreitags neu zu bedenken und zu erschließen.

1. Mit Jesus klagen

Am Karfreitag wird uns klar, dass all diese Fragen nicht neu sind. In ähnlicher Weise wurden sie schon einmal gestellt und ausgehalten, und zwar von keinem Geringeren als dem Sohn Gottes, ja von Gott selbst. Jesus kämpft mit dem abgewandten Angesicht seines Vaters. Darin ist er ganz einer von uns, einer der auf unserer Seite steht. Er kennt unsere

Not, aber auch unsere Wut und Verzweiflung, unsere Ohnmacht. Jesus steht, schreit, nein hängt (vermeintlich) hilflos am Rande des Abgrunds. Hat Gott es mit seiner Hingabe zu weit getrieben, hat er sich verkalkuliert und gedacht, sie würden ihn schon wieder laufen lassen, seinen Sohn? Ist Gott in Wahrheit selbst ein ohnmächtiger Gott?

Dieser Gedanke macht vielen Menschen Angst. Deshalb war selbst im Christentum das Kreuz lange Zeit auch ein populäres Symbol. Ein Gott, der leidet. Ein Messias, der nicht herabsteigt und auf den Tisch haut, sondern hängen bleibt. Es hat mehr Spott ausgelöst als Sympathie. Vielleicht kennen Sie ja den gekreuzigten Esel vom Palatin in Rom. Ärgernis für die Juden und Torheit für die Griechen, Gott am Kreuz, Gottverlassenheit, Beziehungskrise in Gott, das macht Angst, das klingt zu menschlich...

Bei einem Gespräch mit Muslimen in Loccum habe ich es erst vor wenigen Wochen erfahren. Sie antworten sehr klar: Gott ist allmächtig und gerecht und gut, böse sind allein die Menschen, dafür trifft Gott keine Verantwortung.

Anders Jesus: *Er traut sich, dieses weltenschwere Gottverlassenheitsgefühl hinauszuschreien in die Nacht mitten am Tag.* Damit verleiht Jesus auch unserem Kampf, unserem Ringen mit Gott Ausdruck. Er traut sich, das auszusprechen (vor Gott auszusprechen), was wir logisch nicht auf die Reihe kriegen, weil wir die Güte und die Gerechtigkeit und die Allmacht Gottes in der Weltgeschichte nicht auf einen Nenner bringen.

Gott, mein Gott, warum hast du mich verlassen?

Klagen mit Jesus, heißt uns hinein finden in die Not der Welt und ihrer Gottesferne, die eigene Situation verzweifelte Situation vor Gott bringen und ihn herausfordern, als den Gott der das Leben will. Jeder und jede muss da die eigenen Worte finden: Aber vielleicht helfen uns die großen Klagepsalmen dazu: Psalm 69: Ich bin in tiefe Wasser geraten....

Schau nicht weg Gott, verbirg dich nicht vor mir! Lass es nicht zu, dass ich Angst habe in meinem Herzen und verspottet werde von den Leuten! Das ist kein geistlicher Katzenjammer, das ist eine Ermutigung zum echten, ehrlichen offenen Dialog mit Gott. Jesus macht es uns vor, liebe Gemeinde. Spätestens seit Karfreitag wissen wir: Jesus kennt unsere

Gottverlassenheit, kennt die Gottverlassenheit der Welt und hält sie mit uns aus. Klagen und Schreien ist erlaubt!

Gemeinsames Lied *Gott, mein Gott (*EG 381, Str. 3)

2. Mit Jesus hoffen

Jesus ist uns ein Vorbild des Betens. Seine Klage kann unsere Klage werden.

Das war das erste, aber zum Glück auch nicht das letzte. Jesus betet mit den Worten des verzweifelten David und seines jüdischen Volkes. Dafür müssen wir wissen: Psalm 22 war und ist der Sterbepsalm im Judentum: schon in der Antike und auch noch heute. Das führt uns auf eine zweite Spur. Denn Psalm 22 zeichnet einen großen Bogen an Erfahrung nach. Er endet nämlich – Gott sei Dank! – nicht mit dem Schrei der Gottverlassenheit, sondern beschreitet einen Weg, der von der Anklage/ Klage des zweifelnden Glaubens bis hin zu neuem Vertrauen, ja sogar zum Lob reicht. *Eli, eli: mein Gott, mein Gott*: Bereits darin steckt immer noch ein kleiner Keim an Vertrauen auf den Gott der gesagt hat: ich bin der Herr, dein Gott, der dich aus der Knechtschaft geführt hat.

Wir dürfen uns „hineinnehmen lassen in diesen Strom und mit Jesus bewusst: <u>mein Gott</u> sagen. Das ist der erste Schritt auf dem Weg zu neuem Vertrauen. Ein großer Schritt. Gott bleibt – nein: wird wieder neu – zum Gegenüber: mein Gott, hörst du mich? Auf deinen Namen bin ich doch getauft?

Doch Psalm 22 endet nicht mit diesem Ausruf der Gottverlassenheit. Wir dürfen annehmen, dass Matthäus davon ausgeht, dass Jesus den ganzen Psalm am Kreuz gebetet hat wie viele Juden und Jüdinnen vor ihm und nach ihm. Lange breitet er in dramatischen Bildern das Leiden eines gerechten Menschen aus, der bedrängt ist von Feinden, die sich wie gewaltige Stiere und mächtige Büffel, ja wie beißende Hunde und brüllende Löwen auf ihn einstürzen.

Ich kann meine Knochen schon alle zählen, betet der Psalmist,

Hilf mir aus dem Rachen des Löwen und vor den Hörnern der wilden Stiere.

Und dann – ganz plötzlich… wendet sich das Blatt.

Du hast mich erhört, darum will ich deinen Namen kundtun und dich in der Gemeinde preisen.

Was uns die Matthäuspassion verschweigt, deutet Psalm 22 im zweiten Teil an. Hat Jesus auch diese Erhörung erhofft oder gar erlebt?

Gemeinsames Lied: *Gott, mein Gott* (EG 381, Str. 4**)**

3. Mit Jesus erhört werden

Die Passionsgeschichte verrät uns nicht genau, wie Jesus starb. Wir wissen nur, dass er es im Gespräch mit Gott getan hat. Die letzten Worte bei Lukas lauten: In deine Hände befehle ich meinen Geist.

Im Johannesevangelium ruft Jesus erleichtert: Es ist vollbracht.

Was sagt der erste Evangelist? Begeben wir uns auf Spurensuche.

Unmittelbar nach dem Tode Jesu, wenn die schreckliche dreistündige Finsternis zu Ende ist, kommt es zu drei dramatischen Konsequenzen seines Todes:

Der Vorhang im Tempel zerreißt in zwei Stücke bei einem Erdbeben.

Die Gräber tun sich auf und verstorbene Menschen erscheinen den Lebenden.

Ein römischer Hauptmann bekennt sich zum Glauben an den Jesus als dem Sohn Gottes.

Gräber tun sich auf und der Vorhang zerreißt: Diese Zeichen sind unmissverständlich: Durch Jesu Leiden schafft uns Gott selbst echten ewigen Zugang zu ihm selbst, schließt uns den Himmel auf und die Hölle zu, wie es in Bachs WO heißt, und dafür: Da hat in Gott selbst angesichts des Kreuzes eine Wende stattgefunden.

Gott selbst – so ist das Glaubenszeugnis des Matthäusevangeliums und des Paulus, auf den wir in der Epistel gehört haben–will es so. Er hat in sich selbst das ertragen, was Gottverlassenheit ist und dadurch der schlimmsten Gottverlassenheit, dem ewigen Tod, den Giftzahn gezogen. Hier wurde nicht einem zornigen Gott ein blutiges, blutrünstiges Opfer dargebracht. Gott selbst hat eingegriffen, Gott selbst ist hier auf den Plan getreten, um die unheilige Dreieinigkeit, Sünde, Tod und Teufel, ein für allemal zu besiegen.

Aber nicht einmal die spektakuläre Szene des zerreißenden Vorhangs und die Auferstehung von Menschen aus dem Totenreich sind das Ziel der Passionsgeschichte des Matthäus.

Am Ende steht ein schlichter Satz des Glaubens. Es ist das Bekenntnis von einem, der dazu eigentlich nicht berufen scheint, weil er nicht „das richtige Gesangbuch" hat: „Wahrlich, dieser Mensch ist Gottes Sohn gewesen." Das Zeugnis des römischen Centurios klingt herüber zu uns. Im Angesicht der kosmischen Morgendämmerung ein grandioser Satz. Einfach und einladend, tief und tröstlich. Wer an diesen Gottessohn glaubt, wird erhört werden, wer ihm sein Leben anvertraut, wird gerettet.

Das Leben behält den Sieg. Gott hat es gewendet, hat sich gewendet, sich uns zugewendet.

Wahrlich, dieser ist Gottes Sohn gewesen. Auf ihn lasst uns hoffen heute, morgen und immer! Amen.

Ostermontag (Jesaja 25,6-9): Höhenflug[12]

Liebe Gemeinde!

Am vergangenen Donnerstag, dem 12. April, ist es genau 40 Jahre her, dass der erste Mensch in einem bemannten Raumschiff ins All geflogen ist. Ein Höhenflug, der alle bisherigen Dimensionen der Luft- und Raumfahrt sprengte. Ein Höhenflug, der die Menschen in der damaligen Sowjetunion mit großem Stolz erfüllte. Juri Gagarin heißt der Mann. Nach seiner Rückkehr sagte er: „Ich habe die Erde unter mir gesehen, den kleinen blauen Planeten, farbig, rund und schön! Aber den lieben Gott fand ich nirgends." Juri Gagarins Lebensflug endete schon wenige Jahre später jäh beim Absturz eines russischen Kampfjets. Ein tragisches Ende eines Menschen, der nach den Sternen gegriffen hat. Ich bin darüber in keiner Weise schadenfroh. Nein, im Gegenteil, ich würde mich gerne mit ihm unterhalten und ihn mitnehmen zu einem anderen Höhenflug: einem Höhenflug mit dem prophetischen Helicopter des Jesaja. Inspiriert ist er durch die sog. Jesaja-Apokalypse, einer ganz besonderen Enthüllung, die uns als Predigttext heute vorgegeben ist. Dabei werden wir gleichsam auf den Gipfel eines hohen Berges emporgehoben und halten mit dem Propheten den Atem an. Denn er zeigt uns das packende Finale der Weltgeschichte. Eine Vision, nein: *Gottes* Vision ewigen Lebens entsteht vor unseren Augen.

Lesung Jesaja 25,6-9

Ja, ich bekomme Herzklopfen, wenn ich diese Verse lese. Worte, die davon erzählen, wie es einmal sein wird, wenn Gott die Geheimnisse der Weltgeschichte lüftet und wir ihn von Angesicht zu Angesicht sehen. Ich fühle mich wie in einem göttlichen Zeithubschrauber, der gleichsam in fünf Akten eine wunderbare Enthüllung präsentiert und dabei auch alle fünf Sinne anspricht.

I Köstliches aus Küche und Keller

Als erstes sehen wir vor uns den Berg der Berge, den Berg Gottes. Auf einem riesigen Gebirgsplateau haben sich Menschen von fern und nah, von Osten und Westen, Süden und Norden, niedergelassen. Sie sitzen

---
[12] Marienkirche Reutlingen, Ostermontag 2001, überarbeitet 2014.

an einer großen Tafel. Und Gott selbst tischt auf. Der Herr der Heerscharen bewirtet seine Gäste mit den Essenzen von Küche und Keller. Markige Speisen und reife Weine. Die fetten Speisen stehen im Orient für die Gastfreundschaft. Ein Sprichwort lautet: Je gastfreundlicher der Mann, umso fetttriefender seine Zeltwand. Der Wein dagegen steht für die heitere, vielleicht sogar ekstatische Seite des Festes. Man kann sie förmlich riechen, die leckeren Düfte der Küche und den edlen Tropfen des Kellers beinahe schon schmecken. Die Himmlischen holen uns an den Tisch zu einem Freudenfest, bei dem der Inbegriff der Freude selbst am Tisch sitzt.

II Enthüllung

Doch damit nicht genug. Was nun folgt ist eine wirkliche Enthüllung, der 2. Akt ist für die Augen bestimmt. Der Gastgeber nimmt den Anwesenden den Schleier weg, der bis dahin vor ihren Augen war. Plötzlich schauen sie ganz anders drein, können deutlicher erkennen und sehen ihn selbst, den ewigen Gott. Jesaja verzichtet auf eine genaue Beschreibung. Das steht uns nicht zu. Seine Kamera richtet sich auf die Menschen. Es fällt ihnen wie Schuppen von den Augen, es geht ihnen wie den beiden Jüngern von Emmaus, die plötzlich beim Danken und Essen ihren geliebten Herrn erkennen. Vorher war alles nur Vorahnung, jetzt ist es Gewissheit. Unser Gegenüber ist Gott selbst, der ewige Schöpfer Himmels und der Erden, aber eben auch ihr Retter und Neuschöpfer. Möglicherweise ist das helle Licht zunächst schmerzhaft, auch im Blick auf das eigene Leben, aber das Leuchten ist stärker.

III Tod des Todes

Durchatmen. Denn nun kommt das dritte Bild, das abgründigste von allen. Wie in einem Science-fiction-Roman stehen Tod und Leben, Krieg und Frieden, Schrecken und Zuversicht nebeneinander. Man kann es nur noch ahnen. Aber da hat etwas stattgefunden zwischen Himmel und Erde, da kommt etwas an sein Ziel, was Gott nicht einfach so, sondern mit dem höchsten Einsatz erworben und gewonnen hat. Das Böse ist besiegt. Der Tod ist erwürgt. Denn Gott selbst hat sich eingemischt und sich selbst aufs Spiel gesetzt:. Die Worte dazu sind deutlich: Ein Spottlied ist es, das da gesungen wird: *Tod, wo ist dein Stachel, Hölle wo ist dein Sieg*? Wir sehen in beeindruckenden Farben und Formen, wie Christus durch das Totenreich zieht und sie alle an der Hand nimmt und herausholt. Adam und Eva vorneweg. Das Lied der Freiheit und der ewigen Freude haben sie alle auf den Lippen, weil sie heraus sind, entkommen aus dem Rachen des Todes. Welch eine Vision. Das Alte ist endgültig vergangen und neues Leben angebrochen. Wer die Abgründe tödlicher Krankheit oder die Schrecken des Krieges geschaut hat, weiß Bescheid. All das hat nun keine Bedeutung mehr, ist im besten Sinne des Wortes aufgehoben!

Da gibt es keine Sieger und keine Besiegten mehr. Da beugen sich froh alle Knie vor ihrem Retter, vor dem einen, der A und O, Anfang und Ende aller Zeit, ist.

IV Tränen weggewischt

Ein viertes Bild. Viel persönlicher, viel intimer. Viel menschlicher. Nicht im fortissimo, sondern im pianissimo: Der barmherzige Gott tritt vor jeden hin und beugt sich herab. Jeden Einzelnen schaut er an und wischt die Tränen ab. Jedes Gesicht schaut er an, jede Träne wischt er weg. Ja! Wenn Gott handelt, dann macht er ganze Sache. Jetzt ist hier nicht mehr nur gleißendes Licht, das uns fast erblinden oder erschrecken lässt, jetzt werden Wunden geheilt. Verletzungen, die wir uns gegenseitig zugefügt haben, dürfen nicht mehr weiterwirken. Weinen wird nicht mehr sein, denn Gott selbst ist es, der die Tränen wegwischt und uns ansieht: als liebender Vater und zärtliche Mutter in einem.

V Alle sind dabei

Riechen, Schmecken, Sehen , Hören und Fühlen. Die Vision des Jesaja spricht alle Sinne an. Sie erreicht auch die Herzen derer, die über Jahrhunderte zerstreut waren. Israel, das bedrängte, verfolgte und geschundene Volk erkennt seinen Gott und betritt die himmlische Wohnung. Einen Himmel, der nicht mit Waffen erstritten oder mit Diplomatie erschlichen ist. Doch damit nicht genug. Israel ist nicht allein. Alle sind dabei. Es gibt in dieser Vision keine Zuspätkommenden, Verworfenen oder sonst irgendwie Ausgeschlossenen. Der einzige, der draußen bleibt, ist Gevatter Tod und Konsorten. Die dürfen sicher nicht mitfeiern.

Und damit fällt der Vorhang, damit landen wir gleichsam hier in der Reutlinger Marienkirche und hören nur noch die Reaktion der Himmlischen, all derer, die am großen Fest teilnehmen: *Siehe, das ist unser Gott! Lasst uns jubeln und fröhlich sein über sein Heil.* Und so nehmen sie auch uns an die Hand und singen uns die österliche Freudenmelodie ins Ohr: „Christ ist erstanden. Der Tod ist verschlungen auf ewig".

Wann, wenn nicht an Ostern, liebe Gemeinde, können wir solche vollmundigen Töne hören und singen? Wann wenn nicht heute davon sagen und darüber froh werden? Jesajas Höhenflug ermächtigt uns dazu, verleiht uns gleichsam himmlische Flügel sazu. Und lässt uns kräftig mitjubeln und mitsingen: *Lasst uns jubeln und fröhlich sein über sein Heil!*

Amen.

Quasimodogeniti (Johannes 21,1-14):[13] Fette Fische im Frühnebel (Lyrik-Predigt)

Zur Ausführung der Predigt sei empfohlen, die Lyrik-Zitate von einer anderen Stimme (am besten einer tiefen Frauenstimme) rezitieren zu lassen. Allerdings muss diese so natürlich klingen, dass sie sich in den Duktus der Predigt auf natürliche Weise einfindet und nicht die Assoziation „Deutschstunde" oder „Dichterlesung" wachruft. Gearbeitet ist das Ganze in Anlehnung an ein Musikstück (Thema mit Variationen).

Liebe Gemeinde,

noch klingen sie in uns nach, die Worte des Evangeliums. Sie lassen Bilder in uns entstehen, Bilder von einem See im Morgengrauen, Bilder der Sehnsucht und der Hoffnung. Lassen Sie uns in diese Welt eintauchen.

THEMA

> *Wo sind die Auferstandenen*
> *die ihren Tod überwunden haben*
> *das Leben liebkosen*
> *sich anvertrauen dem Wind?*

Mit dieser Frage von Rose Ausländer ist unser Thema umrissen:

Wie sehen Menschen aus, die von Ostern her leben? Menschen, die durch die Auferstehung getragen werden? Menschen, denen der Tod nichts mehr anhaben kann? Wo können wir sie treffen? Können wir an der Leichtigkeit ihres Seins Anteil bekommen?

Variation I Frühnebel

> *Im Nebel ruhet noch die Welt*
> *noch ruhen Wald und Wiesen.*
> *Bald siehst du, wenn der Schleier fällt...*

---

[13] Hildesheim, St. Michael, 2011.

Ja, was sehen wir denn, wenn der Schleier fällt? Der Nebel über dem Morgengrauen; der Nebel böser Träume. Der Frühnebel, der nach schlaflosen Nächten aufzieht, aus denen wir schweißgebadet aufwachen? Und was wird sein, wenn der letzte Nebelschleier fällt?

Vielleicht haben sie sich das auch gefragt, die sieben Jünger um Simon Petrus und Thomas. Gestandene Männer waren sie allesamt. Männer mit rauen Händen und kantigen Gesichtern, vom Leben gezeichnet. Männer mit Erfolgen und Brüchen. In der entscheidenden Stunde waren sie keine Helden. Der eine verleugnete die Freundschaft, einige sind einfach abgehauen. Und jetzt? Wo nun doch alles anders scheint als gedacht? Wie sollen sie mit diesen Geschichten umgehen? Was ändert sich dadurch, dass das Grab leer war und Jesus sich ihnen gezeigt hat. Ja, ihnen allen hat er zugerufen: Friede sei mit euch.

Doch jetzt ist von diesem Frieden und der neuen Hoffnung nichts mehr zu spüren. Die Ereignisse mit Jesus liegen schon ein paar Wochen zurück. So gehen die Menschenfischer zurück in ihre Heimat, um wieder gewöhnliche Fische zu fangen. Bange und banal klingt ihre Frage: Wovon können wir leben? Wie verdienen wir unser Brot? Was dürfen wir hoffen am Morgen eines ganz normalen Arbeitstages?

Heute sind die Aussichten desaströs. Die ganze Nacht haben sie nichts gefangen.

Solche Nächte gehen an die Substanz. Sie lassen uns an uns selbst zweifeln. An dem, was wir gelernt, was wir getan, worum wir gekämpft haben. Eine Mutter fragt sich grübelnd, was geblieben ist von dem Glück, das sie mit ihrem Kind erlebt hat. All die Mühen und Entbehrungen. Doch nun geht es einen ganz anderen Weg als sie sich vorgestellt hat, scheint sie nicht mehr zu brauchen.

Ein Mann legt seine Arbeit aus der Hand: Alle Mühen eines langen Berufslebens sind verhuscht, legen sich wie ein fahler, drückender Schleier auf sein Leben. Was bleibt von meinem Lebenswerk? Was bleibt?

„Bald siehst du, wenn der Schleier fällt,

den blauen Himmel unverstellt…"

Eduard Mörike, der schwäbische Landpfarrer, sieht den blauen Himmel. Das klingt schön, aber kann mich das trösten? Im Evangelium heißt es:

Da es aber Morgen wurde, stand Jesus am Ufer.

Das ist mehr, als wir hoffen konnten: Da tritt einer ans Ufer unseres Lebens und wartet auf uns. Einer, der selbst eine lange Nacht hinter sich hat. Freunde haben ihn im Stich gelassen. Ehrenwerte Menschen haben ihm Unrecht getan und ihn verurteilt, ja Gott selbst war ihm so weit weg.

Genau dieser Mensch zeigt sich dir und mir im Morgengrauen. Steht da und wartet. Sehnsüchtig und einfühlsam ist sein Blick auf uns gerichtet.

Ach, auch meine Netze sind oft leer, möchte ich ihm sagen, auch mein Leben ist oft so unsicher, so wackelig wie das schaukelnde Fischerboot. Auch meine Nächte sind von Enttäuschung und Zweifel voll. Was kannst du mir sagen, welche Botschaft hast du, wartender Freund?

> *In allen deinen Dunkelheiten, Herz, halt still.*
> *Dir mag es oft erscheinen, dass niemals enden will:*
> *Die Qual: ..... doch sieh:*
> *Wie im Gebirge tagelang die Nebel schleichen,*
> *bis einmal jäh sie auseinander gehen*
> *und hinter ihnen feierlich die Berge stehn*
> *in ewig großer Klarheit ohnegleichen –*
> *so steh auch ich in jedes Menschen Leben*
> *oft dunkel nur verhüllt – und bin doch nah.*
> *Es wird die Stunde kommen, wo die Nebel weichen,*
> *und du erleichterst siehst: Ich stand doch immer da.*
> Nach Margarete Meyer (+ 1974)

Was hören wir da, liebe Gemeinde?

Ich höre sehr deutlich seine Stimme. Er sagt mir: Ich war mit dir, als du meintest, du seist allein. Ich war schon da, als du dein leeres Netz ans Land gezogen hast, enttäuscht über die vertane Chance, frustriert durch eigenes Scheitern oder die Verletzungen anderer.

Das macht mir Mut, das lässt mich hoffen. Ich möchte mehr davon. Wo kann ich diese Wunderworte wieder hören? Ist er bei mir mitten im Leben, im Essen und Trinken, Lieben und Leiden?

Variation II Fische

Gestern fuhr ich Fische fangen
Heut bin ich zum Wein gegangen
- Morgen bin ich tot –
grüne, goldgeschuppte Fische,
rote Pfützen auf dem Tische,
rings um weißes Brot

[Gestern ist es Mai gewesen,
heute wolln wir Verse lesen,
morgen wolln wir Schweinestechen,
Würste machen, Äpfel brechen,
pfundweis alle Bettler stopfen
und auf pralle Bäuche klopfen
- Morgen bin ich tot –]
Rosen setzen, Ulmen pflanzen,
schlittenfahren, fastnachtstanzen,
Netze flicken, Lauten rühren,
Häuser bauen, Kriege führen,
Frauen nehmen, Kinder zeugen
Übermorgen Kniee beugen
Morgen sind wir tot.
Werner Bergengruen, Leben eines Mannes

Jesus kommt dorthin, wo wir herkommen, er kommt an den Ort unserer Arbeit und unserer Sehnsucht, unserer Lust und Gier. Er kommt an den Ort, wo wir das Leben genießen und festhalten wollen in wilder Geschäftigkeit, im Rausch der Sinne.

Ich bekenne euch, Männern und Frauen: Wo ich dem allem nachjage, klammere ich ihn oft aus. Will ihn nicht dabei haben.

Aber er wollte doch nur dabei sein. Mit zu meinem Leben gehören, sich mitfreuen und mit mir weinen, mir Kraft schenken, meine Niederungen und Höhenflüge mitgestalten.

Heut noch fuhr ich Fische fangen, morgen bin ich tot.

Das könnte auch das zwischenzeitliche Motto der sieben Jünger am Galiläischen Meer gewesen sein. Darum konfrontiert sie Jesus gleich zu Beginn mit einer Frage: *Kinder, habt ihr nichts zu essen?*

Ich bin nicht sicher, ob ich diese Frage lieber als Fürsorge oder Appell hören soll und überlege: Könnte ich Jesus etwas zu essen bieten? Könnte ich dafür sorgen, dass *er* keinen Hunger mehr hat? Ich bekenne: Diese Aufgabe möchte ich nicht übernehmen.

Mit Johannes Bours möchte ich lieber dagegenhalten und alle diejenigen fragen, die sich das zutrauen: „Habt ihr von euch aus etwas, von dem man leben kann? Gesteht es doch ein, dass ihr von euch her nicht leben könnt! Habt doch den Mut, ihm die Hände hinzuhalten und einzugestehen, dass ihr nichts habt, von dem man leben kann.

Die Kirche, die atemlos sich im eigenen Wurf die Netze füllen will, wird eines Besseren belehrt. Sie muss Gehorsam lernen und sich beschenken lassen. Nicht der produzierte, der geschenkte Erfolg ist es, um den es geht."

Damit sind wir bei einem wichtigen Stichwort: Erfolg, Erfolg der Jünger. Ja, die Geschichte endet mit einem Erfolg, die Netze bleiben eben nicht leer. Es kommt zu einem wunderbaren Fischzug mit sage und schreibe 153 Fischen.

Ja, liebe Gemeinde, es mag vielleicht unevangelisch oder unlutherisch klingen. Aber der auferstandene Jesus, schenkt seinen Freunden Erfolg. *153 fette Fische fördern* sie zutage.

153 ist nicht gerade eine Zahl, die sich gleich erschließt; 12x12 +3x3 oder 1+2+3+4+5+6+7+8+9+10+11+12+13+14+15+16+17? Die Zahl aller damals bekannten Fischarten? Ich weiß es nicht. Jedenfalls ist das Netz so voll, dass es beinahe reißt.

Wie sehen sie also aus: die Auferstandenen/ die ihren Tod überwunden

haben / und das Leben liebkosen/ sich anvertrauen dem Wind?

Krempeln sie wie Simon Petrus die Ärmel hoch und springen ins kalte Wasser nach dem Motto: Hilf dir selbst, so hilft dir Gott? Ziehen sie volle Netze mit **153** oder noch mehr fetten Fischen ans Ufer?

Joseph Eichendorff dichtet:

Variation III Frühlingsfeuer

*Es zogen zwei rüstge Gesellen
Zum ersten Mal von Haus*

*So jubelnd recht in die hellen
klingenden, singenden Wellen
des vollen Frühlings hinaus.*

*Die strebten nach hohen Dingen,
die wollten trotz Lust und Schmerz
was Rechts in der Welt vollbringen,
und wem sie vorübergingen
dem lachten Sinnen und Herz.*

Strahlende Menschen, starke Männer, schöne Frauen. Leute, die andere glücklich machen und ihnen ein Lächeln aufs Gesicht zaubern. Siegertypen, Traumfrauen, Gewinner eben. Das ist es doch, was wir suchen, nicht wahr? Eichendorff trifft auch das heutige Lebensgefühl, trifft das, was wir für uns und unsere Kirche erwarten: Attraktivität, Wachsen, feurige Kerle statt jämmerliche Trauerklöße.

Ist Ostern so etwas wie ein *Erfolgsoptimierungsfaktor für unseren Alltag*? 153 statt 100?

Der heute Nacht verstorbene Papst hat in seinen letzten Lebenswochen etwas Anderes vorgelebt. In erstaunlicher Offenheit ist er mit seiner Krankheit und Schwäche in der Öffentlichkeit präsent geblieben. Mich hat das bewegt trotz aller Kritik gerade von evangelischer Seite. Worauf hat er vertraut? Was hat seinem Leben Kraft gegeben bis in die letzten Stunden seines Lebens? Eine Antwort finde ich in unserer Ostergeschichte: *Als sie aber ausstiegen auf das Land, sahen sie ein Kohlenfeuer und Fische darauf gelegt und Brot.*

Das eigentliche Wunder, liebe Gemeinde, ist nicht der Fischzug mit den 153 Fischen. Das eigentliche Wunder ist diese kleine Szene. Bevor das volle Netz ans Land gezogen ist und die Jünger etwas beisteuern können zum festlichen Mahl, brennt für sie schon ein Feuer: das Feuer, das der Auferstandene selbst entfacht hat, ein Feuer im Morgenglanz der Ewigkeit. Und es liegen sogar schon Fische darauf. Mehr als genug für alle. Wegzehrung zum Leben, zum ewigen Leben.

Nicht die Jünger bewirten den Herrn, sondern er bewirtet sie. Er lädt sie ein an seinen Tisch. Da sind auch wir richtig, davon leben wir:

als „die Auferstandenen, die ihren Tod überwunden haben"

(die) das Leben liebkosen/ sich anvertrauen dem Wind.

Kantate (Psalm 98):[14] „…damit es auch andere hören und herzukommen…"

I „Dann singe ich natürlich mit"

Im ICE von Stuttgart nach Berlin sind alle Passagiere in ihre Zeitungen vertieft oder blicken stumm aus dem Fenster. Zu hören ist nur ein ungefähr 5 Jahre altes Mädchen. Es malt mit seinen Buntstiften und singt dazu: „Es tanzt ein Bi-Ba-Butzemann in unsrem Haus herum, fidebum." Anfangs singt es eher leise, mit der Zeit wird das Singen immer lauter und kraftvoller. Das Mädchen malt und singt, bis die anderen Passagiere sich genervt zu ihr und ihrer Mutter umdrehen. Schließlich sagt die Mutter: "Mensch, sei doch mal leiser!" Das Kind fragt natürlich zurück: "Warum denn?" Darauf die Mutter: "Was würdest du denn machen, wenn die anderen Leute im Zug plötzlich alle anfangen würden, hier laut rumzusingen?" Worauf das Mädchen begeistert antwortet: "Na, dann würde ich natürlich mitsingen!"

II Singen ist Beziehung

Heute ist Sonntag Kantate. Die Kantorei hat uns schon prächtig eingestimmt. Unsere Ohren sind weit offen, um aufzunehmen… Ganz im Gegensatz zu den Passagieren im ICE freuen wir uns, wenn z.B. hier im Gottesdienst „kräftig rumgesungen" wird… *Doch was passiert eigentlich, wenn wir singen?* Ein berühmtes Kirchenlied beginnt mit einem ganz schlichten Satz: *Ich singe dir.* Damit ist eine klare Richtung vorgegeben. Ich singe nicht nur für mich in der Badewanne. Der Absender *Ich* hat auch einen Empfänger: *Du.* Wie bei einem Brief. Ich singe nicht nur für mich allein, sondern für ein Gegenüber. Singen ist ein Beziehungsgeschehen! Doch damit nicht genug. *Ich singe dir mit Herz.* Ach… da fällt mir das Ständchen ein, das ich in spätpubertärer Leidenschaft für meine erste Liebe in ein Lied gepackt habe - mittlerer Erfolg, eher peinliches Schweigen im Wohnzimmer der angehenden Schwiegermutter.

Doch wie Sie sehen, liebe Gemeinde, ich habe es nicht aufgegeben. Ja, es kann sein, dass das Lied erst beim zweiten oder dritten Mal ankommt. Aber ich bleibe dabei: *Singen ist Herzenssache*: Singen ist etwas

---
[14] St. Peter, *Mühlhausen in Thüringen* 2012.

Persönliches, etwas Emotionales. Das kann man übrigens heute sogar wissenschaftlich nachmessen, über den Hautwiderstand, die Gänsehaut sozusagen, da werden unwahrscheinlich viele Glückshormone ausgeschüttet.

Noch ist die erste Zeile des Verses nicht komplett: *Ich singe dir mit Herz und Mund*. Singen ist also nicht nur etwas Emotionales, sondern auch etwas Sinnliches. Es hat eine Innen- und eine Außenseite. Singen wird laut, denn Musik gehört gehört. Dazu passt, was wir eben in der Lesung (Eph 5,19-21) gehört haben. *Werdet voll des Geistes. Lehrt und ermutigt einander mit Psalmen, Hymnen und Geistliedern, singt und spielt Gott dankbar in euren Herzen.*

Da haben wir's wieder: das Herz. Ich singe dir mit Herz und Mund, Herr, meines Herzens Lust. Gleich zweimal hintereinander! Und jetzt ist es raus, wer angesprochen oder besser: angesungen ist. Gott selbst ist angeredet: Herr, meines Herzens Lust. Ein freundlicher, ein zugewandter, ein liebender Gott, der Lust macht auf Glaube und natürlich auf Singen. Die Tonart ist wichtig: Singen ist keine lästige Pflichtübung, sondern eine Aktion, bei der es fröhlich und lustvoll zugehen darf.

Woher kommt eigentlich das Psalmensingen? Woher kommt das Jubilieren im Volk Israel? Was ist die Ursituation? Wo sind Psalmen entstanden!?

III Sternstunde der Menschheit
Schauen wir dazu auf die Geburtsstunde des Singens, vielleicht sogar des Psalmensingens. Die Bibel erzählt dazu eine Gänsehaut-Story, eine echte Grenzerfahrung. Gerade hatte man sich aufgemacht. Die Peitschenhiebe der Peiniger spüren sie noch auf ihrem Rücken. Die Nacht des Aufbruchs war schrecklich. Der Tod ging um in Ägypten. Doch sie entkamen. Jubelnd sind sie dann ausgezogen, mit einem Lied auf den Lippen: Endlich frei. Doch dann, wenig später, schien alles aus und vorbei. Von den Wassern des Meeres und den Streitwagen der Feinde sind sie plötzlich eingekesselt. Kein Entkommen. Denken sie. Doch dann – ohne Waffengewalt und menschliche Aggression – geschieht das Unfassbare. Sie kommen heil heraus. Unverletzt und trockenen Fußes. All das erzählt das 2. Buch Mose, im 15. Kapitel. Dort heißt es dann: *Danach nahm Miriam, die Prophetin, eine Pauke in die Hand, und alle*

Frauen folgten ihr nach mit Pauken im Reigen. Und Miriam sang ihnen vor: Lasset uns singen dem Herrn, denn er hat eine herrliche Tat getan.

Es ist die Geburtsstunde des Singens in der Bibel, ja mehr noch: eines ganzheitlichen Musizierens. Eine ganze Schar von Frauen lässt sich von Miriam anstecken. Und sie tanzten, tanzten, tanzten!

Miriam gibt den Schritt vor, trommelt und singt. Kein teuer bezahltes Orchester, eine begeisternde „Mädchenband" bescherte Judentum und Kirche diese Sternstunde der Menschheit. Was Miriam am Roten Meer als Reaktion auf Gottes Wunder getan hat: nämlich singen, tanzen und trommeln, dem sollten wir in nichts nachstehen. Spontanes Gotteslob, mit Herz und Mund, mit tiefen und hohen Stimmen, mit Streich-, Blas- und Schlaginstrumenten, mit Leib, Seele und Geist.

IV Das neue Lied
Warum ist dieses Lob bis heute aktuell? Weil Gott selbst uns dazu den Auftrag und den Anlass gibt! Aber das Ganze eben nicht anlässlich einer Völkerschlacht oder eines Weltrekords. Darum gibt es auch nicht *Pomp and Circumstances* oder sonst eine martialische Hymne.
Im Kleinen hat es begonnen, beinahe im Verborgenen. In einer unbedeutenden Provinz des römischen Reiches. Zerbrechlich und klein war er, aber dann setzte er sich kraftvoll ein mit seinen Händen und Füßen, predigte vom Reich Gottes und war für seine Freunde und Freundinnen da. Bis zum Schluss, bis in den Tod. Aber der hatte nicht das letzte Wort.

Martin Luther schreibt in einer Gesangbuchvorrede, seinem musikalisch-theologischen Vermächtnis von 1545: „Singet dem Herrn ein neues Lied, denn Gott hat uns Herz und Mut fröhlich gemacht durch seinen lieben Sohn, den er uns gegeben hat zur Erlösung von Sünden Tod und Teufel. Wer solches mit Ernst glaubt, der kann es nicht lassen, er muss fröhlich und mit Lust davon singen und sagen, dass es auch andere hören und herzukommen."

Ostern ist die Basis unseres Lebens, liebe Gemeinde! Deshalb: „Singet dem Herrn!" Darum: Singt für diesen Christus. Ihr sollt es fröhlich anstimmen das österliche Freudenlied und die Völker - ja alle Völker – mit hinein nehmen.

Wer einmal im Schluss-Gottesdienst beim Deutschen Evangelischen Kirchentag erlebt hat, erinnert sich gewiss an den hymnischen Ruf der Posaunen zu Beginn: *Christ ist erstanden!* Mehrere Tausend Bläserinnen und Bläser intonieren ihn, bis alle einstimmen. Und dann sollen es gar einmal 8 oder 10 Milliarden sein!? Ich freue mich darauf!

Doch hören wir nochmals hinein in den Psalm von dem neuen Lied, das uns aufgetragen ist.

Singet dem HERRN ein *neues* Lied;
denn er tut Wunder!

Ein Wort strahlt heraus und klingt nach. Es steht zwar mittendrin, aber es ist die Hauptsache: Singet dem Herrn ein **neues** Lied! Ein Lied, das es so bisher nicht gab. Denn neu ist auch die Botschaft, auf die es sich bezieht. Buchstäblich un-erhört. Gottes neue Welt ist im Kommen. Da ist Bewegung, da ist Musik drin:

Der Herr lässt sein Heil kundwerden,
vor den Völkern macht er seine Gerechtigkeit offenbar!

Gott schreibt eine ganz neue Geschichte mit seinem Volk und der Welt und tut das auch mit dir! Ja, auch in dein Leben mischt er sich ein und ruft dir zu: mach mit, sing mit, mit deinem ganzen Leben bist du ein Instrument zur Ehre dieses Gottes.
Er kam in diese von Gewalt erfüllte, verschrobene Welt, und bringt ihr Gerechtigkeit, sich selbst!
Singet dem Herrn ein neues Lied!
Die Gottesklänge der neuen Welt sind schon da.

V Gott und die Welt – Heil für alle
Der Psalmist diskutiert nicht, der stellt klar: Die Macht, die diese Welt im Innersten zusammen hält, ist immer noch Gott selbst. Ihm ist der alte Globus nicht egal.
Er gedenkt an seine Gnade und Treue für das Haus Israel.
Aller Welt Enden sehen das Heil unseres Gottes.

Ja, Gott bleibt bei seinem Volk durch die Geschichte in ihren schrecklichen Tiefen und glücklichen Höhen. Aber damit nicht genug: Die ganze Welt hält und bewahrt er in seiner Hand. Ja, mehr noch: Er hat Großes mit ihr vor: Heil, Rettung, Ewigkeit. Wer das Herz Gottes für sein Volk Israel und seine Kirche schlagen hört, der muss die Gnade Gottes nicht einkasteln, sondern gönnt sie auch anderen Völkern, ja ich wage es zu sagen: auch anderen Religionen. So fremd sie sind, sie werden im Psalm aufgefordert und eingeladen, ihn anzubeten, mit all ihren Stimmen und Instrumenten.
Mit Harfen und Saitenspiel, Trompeten und Posaunen.
Alle sind nun angesprochen. Nicht nur Juden und Christen. Die Türen des Tempels sind geöffnet, damit Menschen aus allen Völkern das Heil Gottes sehen und von Gott erzählen. Gott will es mit allen zu tun haben, nicht nur mit den Frommen. Alle sollen sie einstimmen und von ihm erzählen. Erstaunlich ist, dass der Psalmdichter nicht bei den Menschen stehen bleibt. Seine Partitur ist größer angelegt. Sie beginnt draußen in der Natur:

VI Kosmische Symphonie

Das Meer brause und was darinnen ist;
der Erdkreis und alle, die darauf wohnen.
Die Ströme sollen frohlocken,
und alle Berge seien fröhlich vor dem HERRN;
denn er kommt, zu richten das Erdreich.

Himmel und Erde, Oben und Unten, die Berge, Flüsse und die Meere: sie alle sollen loben und danken. Der ganze Kosmos ist es also, der zum Klingen kommt. Es ist der Klang der versöhnten Welt Gottes. Unter diesen Vorzeichen ist es ein grandioses Crescendo: das Rauschen der Wälder im Herbst, das Grundeln der Eisschollen auf dem See im Winter, das Zirpen_der Grillen im Sommer und das Zwitschern der Vögel im Frühjahr, Vorzeichen eines ewigen Frühlings im Hier und Jetzt. Doch dann läuft die kosmische Symphonie auf einen letzten Satz zu:
Er wird den Erdkreis richten mit Gerechtigkeit und die Völker, wie es recht ist.

Endet sie also dissonant, unsere Symphonie, mit dem schroffen, leider unvermeidlichen Hinweis auf das Gericht?
Nein, denke ich, liebe Gemeinde. Es ist doch nur konsequent, wenn die Traum-Musik mit einer großen unbescheidenen Hoffnung schließt: Der Hoffnung, dass die Welt zurechtgerückt und heil wird. Heil ohne Gerechtigkeit, das geht nicht. Wir werden es erleben, wie richtig und falsch unterscheidbar und unterschieden werden.
Und denen, die Unrecht gelitten haben, Recht widerfährt.

VII Singende Kirche
Singet dem Herrn ein neues Lied, denn NEUES bricht an, wo Gott kommt und sich einmischt. *Und – das ist erstaunlich – er tut das nicht zuletzt durch unser Singen und Musizieren.* Eine Kirche, die nicht mehr singt, wäre ein Auslaufmodell, eine Trauergesellschaft.

Der *cantus firmus, der begeisternde, wahrlich Welt bewegende Refrain* ist das Lied von Ostern. Ein Lied des Lebens, des Sieges Gottes über den Tod. Darum, ihr Männer und Frauen, singt ihn neu den Psalm mit neuen Worten und Tönen, vielleicht so:

Lasst euch ein neues Lied einfallen für Gott!

Stimmt ein und lasst Gott hochleben,

denn sein Name steht über der Schöpfung

wie eine Leuchtreklame.

Wie ein Feuerwerk aus Musik soll es sein,

wenn ihr für Gott und seine Liebe musiziert.

Weitererzählen! heißt das Motto.

Weitererzählen von seinen Wundern.

Denn Gott ist großartig und wunderbar.

Alle Großen dieser Welt sind Göttchen,

Minis sind sie gegenüber unserem großen Gott.

Sonne, Mond und Sterne - alles stammt aus seiner Werkstatt.

Die ganze strahlende Schöpfung ist sein Markenzeichen.

Sagt es weiter: Gott ist allein der Schöpfer,
er ist der Architekt dieser Welt.
Himmel und Erde freuen sich mit,
und die Meere jubeln kräftig.
Wiesen und Felder freuen sich,
und das Rauschen der Wälder klingt wie ein Orchester zur Ehre Gottes.
Wenn er kommt – und er ist schon da! –
Dann kommt das Recht in die Welt,
dann wird, nein, dann ist schon jetzt alles gut. Halleluja.
(nach Peter Spangenberg)

Rogate (1 Timotheus 2,1-6):[15] Eintreten in Gottes Liebesbewegung

„Bist du eigentlich eher der Kyrie- oder der Gloria-Typ?", fragte mich ein Kollege vor einiger Zeit, liebe Gemeinde. „Hast du es mehr mit dem Bitten oder mit dem Danken beim Beten?" Ich antwortete spontan: „Ich bin wohl eher der Gloria-Typ. Ich singe zwar nicht pausenlos Halleluja, aber freue mich doch an den schönen Dingen des Lebens, ja und manchmal staune ich in all dem auch dankbar über Gottes Güte.

Manchmal habe ich sogar ein Gloria im Herzen und auf den Lippen.

J.A. singt: Gloria Patri et filio… (Taizé). Gemeinde singt nach

Aber diese gelassene Heiterkeit ist nicht alles. Nicht das ganze Leben. Immer wieder gibt es ja auch das ganz Andere: Schreckliche Fernsehbilder mit Krieg und Gewalt, Naturkatastrophen und Verkehrsunglücken. *Da war das Erdbeben in Haiti, da sind die oft verdrängten Kriege in Afrika, aber auch die allgegenwärtigen im Mittleren und Nahen Osten, und! sexuelle Gewalt inmitten unserer Kirchen!* Das wäre eigentlich Grund genug, zu einem notorischen Kyrie-Typ zu werden und immer wieder laut zu rufen: "Hab Erbarmen, Gott!" Ich gebe zu: Manchmal ist mir danach...

Und dann bin ich froh, dass wir in unserem Gottesdienst beides haben: Nicht nur das Gloria sondern auch das Kyrie. Eine Art *Knocking on heaven's door.*

JA singt Kyrie, Gemeinde singt nach.[16]

Damit sind wir mitten im Thema, das uns der heutige Sonntag vorgibt, ein Thema das für Christen ein Lebensthema ist, **das Gebet.** Warum eigentlich sollen wir beten und wie sollen wir beten? Was bewirkt unser Gebet? Worauf hoffen wir, wenn wir beten? Hören wir nochmals den ersten Teil unserer Epistel, die vorher schon erklungen ist:

Ich ermahne euch nun, dass man vor allen Dingen zuerst tue Bitte, Gebet, Fürbitte und Danksagung für alle Menschen, für die Könige und für alle Obrigkeit, auf dass wir ein stilles Leben führen mögen in aller Got-

---

[15] Marktkirche Hannover 2011.
[16] Z.B. Kyrie, Liederheft KlangFülle, Kirchentag Hamburg, 85.

tesfurcht und Ehrbarkeit. Solches ist gut und angenehm vor Gott, unserem Heiland.

1. Wie sollen wir beten?

Was für die Kirchenmusik gilt – davon haben wir letzten Sonntag gehört – gilt auch für das Gebet: es ist so vielfältig, wie das Leben selbst: Singen sollen wir vor Gott mit Psalmen, Lobgesängen und geistlichen Liedern, mit: Gregorianik und Gospel, Bach und Pop; Paul Gerhardt und Rap. Diese Vielfalt gilt auch für das Gebet: Unser Bibelwort enthält so etwas wie die Einsetzungsworte des Gebetes:

Weisungen über das Gespräch mit Gott in unterschiedlichen Facetten, Formen und Farben. So facettenreich und bunt wie das Leben selbst ist, darf auch euer Gebet sein. Und aufgepasst! Gefühle sind erlaubt: Das finstere Schwarz der Trauer und das leuchtende Grün der Hoffnung, das beklemmende Braun der Furcht und das strahlende Weiß der Freude. Dazu gehören über Jahrtausende gewachsene Formen wie Lob und Dank, Klage und Bitte, aber auch die Fürbitte für andere Menschen. Besonders diese Form hebt der Apostel heraus: das Allerweltsgebet der Kirche, das Eintreten der Gemeinde für die Welt und ihre Mächtigen. Wie geht das?

Kann man beten eigentlich lernen? Martin Luther schreibt dazu: „Knie nieder in deinem Kämmerlein und bitte mit rechter Demut und Ernst Gott, dass er dir durch seinen lieben Sohn wolle seinen heiligen Geist geben, der dich erleuchte, leite und dir Verstand gebe, […] auf dass man nicht mit der Vernunft drein falle und selbst Meister werde."

Ich finde diesen Hinweis Luthers grandios. *Beten ist Inspiration. Beten ist die Bitte um geschenkte Beziehung zu Gott.* Es geht um ein „Sich-Einklinken", nein besser um ein Hinauf- und Hineingezogenwerden in das innergöttliche Gespräch (zwischen Vater, Sohn und Geist). Zugleich sollen wir aber mit beiden Füßen auf dem Teppich bleiben, immer wieder demütig werden, uns nicht selbst überheben. Diese Haltung macht uns geistlich lebensfähig. Dazu passt, was Paulus in Rö 8,26 schreibt: Wir wissen nicht, was wir beten sollen, wie sich's gebührt, aber der Geist selbst vertritt uns mit unaussprechlichem Seufzen... Wie wäre es, wenn wir – ähnlich wie es die katholischen Geschwister tun - wieder einmal zum Gebet niederknien würden? Wenn schon nicht öffentlich (wie die Muslime), dann wenigstens einmal zuhause.

Lassen wir uns also, liebe Gemeinde, von Gottes Geist die richtige Haltung und die rechten Worte zum Beten schenken. Ich merke das auch in der Gottesdienstvorbereitung: Es kommt darauf an, dass ich mich nicht nur auf die Predigt oder das Einüben der Musik konzentriere, sondern dass meine Gebete echt sind, nah bei Gott und nah bei den Menschen. Ja, die Vorbereitung des Gottesdienstes selbst sollte durchbetet sein.

2. Für wen sollen wir beten?

„Ich ermahne euch nun, dass man vor allen Dingen zuerst tue Bitte, Gebet, Fürbitte und Danksagung für alle Menschen, für die Könige und für alle Obrigkeit, auf dass wir ein stilles Leben führen mögen in aller Gottesfurcht und Ehrbarkeit…

Ich gebe zu, dass mich dieser Satz immer ein bisschen abgeschreckt, ja irritiert hat: Ist das Christsein denn erfüllt vom Ideal eines möglichst gefahrlosen Lebens? Ein kleinbürgerlich-spießiges Rühr-mich-nicht-an? Man könnte es fast meinen. Aber das Gegenteil war doch am Ende des 1. Jahrhundert nach Christus der Fall: Christen waren gesellschaftlich in der Minderheit, ja bisweilen wurden sie von den Königen und Kaisern – ich denke an Nero, Domitian und ihresgleichen – heftig schikaniert, ja gefoltert und verfolgt bis in den Tod!

Damit gewinnt dieser vermeintlich harmlose Satz einen scharfen Hintergrund: Er steht dann in engstem Zusammenhang mit der Fürbitte Jesu am Kreuz: *Vater, vergib ihnen, denn sie wissen nicht, was sie tun…* Fürbitte auch für die Feinde – das ist stark, das verlangt Größe.

Aber natürlich ist unser liturgisches Gebet für die Verantwortlichen in Politik, Wirtschaft und Gesellschaft nicht in erster Linie eine Umsetzung des Gebotes der Feindesliebe, liebe Mitchristen, frei nach dem Musical Anatevka: „Gott schütze den Zaren und halte ihn uns vom Leibe!" Nein: Ich sehe eine doppelte Ermutigung:

Wir dürfen dankbar sein für einen Staat und seine freiheitlich-demokratische Grundordnung, in der die Religionsfreiheit grundgesetzlich verankert ist. Das ist ein großes Geschenk. Also: Gloria! Doch damit nicht genug. Das Geschenk motiviert auch zur Bitte für die Verantwortlichen und zu einer kritisch-konstruktiven Haltung im Blick auf das Zusammenleben von Starken und Schwachen, Reichen und Armen. Also: Kyrie! Die Devise lautet dann nicht „Stillhalten um jeden Preis", sondern miteinander ringen im Angesicht Gottes. Da kann es dann auch zum Bruch kommen: In Apg. 5 sagt Petrus vor dem höchsten Gremium der Juden, dem Hohen Rat: „Man soll Gott mehr gehorchen als den Menschen". Betende Menschen sind keine Ja-Sager, sondern Amen-Sager. Sie wollen, dass Gottes Wille in dieser Welt sich durchsetzt. Dann ist auch die ganze Welt Gegenstand des Gebets!

Welch ein Anspruch! Das geht kaum, denn unser Gebet soll auch konkret sein. Aber unser Auftrag lautet: Nehmt niemand aus euren Gebet aus, auch nicht kriminelle War-Lords, sexuell übergriffige Geistliche und hybride Diktatoren.

3. Warum sollen wir beten?

Damit bin ich beim Dritten: Warum sollen wir beten? Tauchen wir noch einmal hinein in den Text, der uns heute vorgegeben ist. Fürbitte halten sollt ihr, sagt der Verfasser, weil *Gott will dass allen Menschen geholfen wird und sie zur Erkenntnis der Wahrheit kommen. Denn es ist ein Mittler zwischen Gott und den Menschen, das ist der Mensch Jesus Christus, der sich gegeben hat zu einer Erlösung für alle, damit dies zur rechten Zeit gepredigt würde.*

Also nicht: Gott will und tut ja sowieso das Beste für die Welt: also brauchst du auch nicht zu beten: Aber auch nicht: Je mehr ihr betet, je intensiver ihr fleht, desto eher lässt sich Gott umstimmen, sich vielleicht doch gnädig zu erweisen.

Die gedankliche Bewegung ist vielmehr folgende: Lasst euch hinein nehmen in Gottes umfassende Liebe und sein wunderbares Erbarmen zu allen Menschen. Das griechische Verb, das Luther hier mit „helfen" wiedergibt, kann auch mit retten übersetzt werden. Gemeint ist: Gott will uns nicht nur irgendwie ein bisschen (mit)helfen. Ein bisschen Frieden, ein bisschen Glück gönnen, für das wir dann aber doch selbst verantwortlich sind. Nein, *Gott will und wirkt Rettung für uns und für alle Menschen. Und er tut das ganz allein. Er ist dazu nicht auf Mithilfe angewiesen.*

Und doch möchte er, dass wir dabei sind. Die Einen im Dienst der Verkündigung, die Anderen im Dienste des Gebetes oder aktiver Diakonie. Die Botschaft ist jedenfalls großartig: Denn Christus, der göttliche Mittler, wie er hier genannt wird, hat uns eine neue Lebensbasis geschenkt. Einen radikalen Neuanfang: Erlösung meint Freikauf. Das hat den Menschen in der Antike unmittelbar eingeleuchtet. Ein Sklave oder eine Sklavin, die ihr Leben lang nicht Herr über ihr eigenes Leben waren, sind von heute auf morgen freie Leute. So auch wir. Schuld und Tod können uns nichts mehr anhaben.

Dass diese Botschaft von der Erlösung verkündigt wird und Herzen erreicht, ist ein wesentliches Ziel unseres Gebetes. Das ist die Spitze unseres Textes, liebe Gemeinde. Auf dieser Glaubensbasis lasst euch also einladen zur Fürbitte:

Wenn ihr betet, nehmt ihr Anteil am Leid und der Not der Menschen in Gottes Welt, ihr werdet zu Anwälten der Bedrängten am Herzen Gottes. Zugleich übernimmt ihr Ver-antwor-tung, ihr werdet zu Anwälten Gottes in der Welt. *Ihr seid die Vorhut der Liebe, die Pioniere der Freiheit!*

Merkt doch, wie euer Gebet die Welt verändert. Macht eure Augen und Ohren auf, nehmt wahr, wie sich auch in unserer Geschichte – man denke nur an den Herbst 1989 – immer wieder Dinge zum Guten verändern.

Wenn ihr betet, besonders wenn ihr Fürbitte tut, dann bleibt ihr in Kontakt mit Gott und mit den Menschen, den Mächtigen und den Schwachen. Das Gebet ist ein Ereignis, das Gegensätze umspannt und Brücken schlägt, auch Brücken der Emotion:

Rechnen wir damit, dass Gott Gebet erhört? Für die Bibel ist das keine Frage. WIE Gott antwortet und WANN, das ist offen, aber DASS er antwortet, steht außer Zweifel. Hören wir also auf damit, Gott in unseren Gebeten zu sagen, was er tun soll, sondern vertrauen wir darauf, dass sein Herz groß genug ist, um alle zu retten.

4. Was passiert, wenn wir beten?

Wenn wir so vertrauen, wird auch mit uns selbst etwas passieren: Ja zugegeben, vielleicht sind es auch Enttäuschungen. Aber ich bin sicher: Wo wir auf Gottes Güte und Weite vertrauen, *werden unsere Augen und unsere Herzen verändert.* Lassen wir uns in der Fürbitte inspirieren zu einem göttlichen Perspektivwechsel, erleben wir selbst eine spirituelle Verwandlung! Unser Blick wird frei für Andere, wir kreisen nicht mehr nur um uns selbst. Eine Spur der Liebe in den Alltag wird gelegt, ein Link gesetzt zwischen Liturgie und Diakonie, Gottesdienst am Sonntag und Alltag. Wir legen Menschen Gott ans Herz, sind aber auch selbst für sie da mit Wort und Tat, mit Herzen, Mund und Händen, wie es im Lied heißt.

Gerade weil Gott schon jetzt will, dass alle Menschen in ihm und mit ihm leben, sollen und dürfen wir beten. Das verändert unsere Kirche auf dem Weg der Ökumene.

Alle sollen leben, denn für alle ist Christus gestorben und auferstanden. Viermal steht im Text das kleine aber entscheidende Wort: **alle** (in nur sechs Versen). Das Gebet, das die Welt umspannt, ist keine Sache für Kleingeister, christliche Gemeinde hat nichts mit einer Gesellschaft von Vereinsmeiern zu tun. Auch nichts mit einem snobistischen Club, der sich nur noch als profilierte Speerspitze einer elitären Kultur versteht. Kirche ist aber auch nichts für die, die permanent fürchten, sie kämen zu kurz, wenn noch mehr zur Gemeinde dazukommen, für solche, die den Kuchen der Erlösung gerne für sich selbst behalten.

„*Du stellst meine Füße auf weiten Raum*" betet der Psalmist, das gilt auch heute, liebe Mitchristen, und es gilt für alle, die miteinander vor Gott für diese Welt einstehen. Eine *weltoffene Kirche* feiert menschenfreundliche Gottesdienste und kultiviert ein Gebet der Menschenliebe, weil Gott selbst Mensch geworden ist.

Lasst uns an diesem Gebet der Freiheit und der Weite, der Liebe und Menschenfreundlichkeit festhalten. Auf dass ALLE in ihm das Leben haben. Bald, ganz bald!

Darauf hoffe ich. Amen.

Exaudi (Johannes 7,37-39):[17] **Ströme lebendigen Wassers**

Gemeinsames Lied: *Da wohnt ein Sehnen tief in uns*[18]

Für eine Re-Inszenierung der Predigt empfiehlt es sich, neben der Predigtstimme sowohl eine Jesus-Stimme als auch eine zweite zusätzliche Stimme zu besetzen, die das Gedicht von Rilke in Abschnitt II liest.

Liebe Gemeinde,

Da wohnt ein Sehnen tief in uns. Nach Frieden und Freiheit, nach Einsicht und Beherztheit und noch nach vielem mehr. Ja, da wohnt ein Sehnen in mir: nach Glück und nach Liebe, da ist ein Durst nach Leben, wie man es nicht kaufen kann. Wie fühlt es sich an?

Begeben wir uns dazu auf eine Gedankenreise durch unsere Stadt...

I Sehnsucht nach Leben

Die junge Mutter Linda, Anfang 30, sagt: Wonach ich mich sehne? Ach, ich will endlich mal Ruhe, endlich mal abschalten, keiner, der was von mir will „Mama"....Ich muss immer funktionieren... Und manchmal habe ich den Eindruck, ich kriege für das alles dann auch noch einen Fußtritt."

Ich höre: die Sehnsucht nach Anerkennung, aber auch nach Ruhe, nach einer Zeitgestaltung aus eigenen Stücken, also Suche nach mehr Freiheit.

Thomas, Mitte 40: Er hält es kaum mehr aus. Tagtäglich in dieser Mühle. Immer dieser grässliche Termindruck. Heute Morgen die Präsentation vor den Kollegen und dem Chef, heute Nachmittag das Kundengespräch und heute Abend wieder nacharbeiten, vorbereiten für morgen. Ja, am liebsten würde er mal ganz raus, ein halbes Jahr auf die einsame Insel oder in die Berge...

Erika, Anfang 70, meint: Sie lebt schon länger allein. Seit die Kinder alle aus dem Haus sind, ist es lange her. Sie geht gern unter Leute, fühlt sich zuhause einsam, möchte Ansprache: Es ist die Sehnsucht nach Nähe und Zuwendung, nach Freundschaft...

---

[17] Michaeliskirche Hildesheim 2011.
[18] Liederheft LebensWeisen für Kirchentag Hannover 2005, 19.

Denis, 15 Jahre jung, gerade konfirmiert. Demnächst 9. Klasse. Schule findet er alles andere als lustig. Sie macht ihn noch kaputt, nächste Woche schon wieder 4 Klassenarbeiten und das Referat letzte Woche, da ist er übel abgeschmiert... In seinem Zimmer hängt ein Plakat: Heute schon gelebt? Darauf ein junges Paar in einem offenen Cabriolet, ihre Haare fliegen im Wind, ach so ein Auto, so ein Mädchen...

Wer Durst hat, soll zu mir kommen!
Trinken darf, wer glaubt! (von anderer Stimme aus der Gemeinde!)

Fühlt sich hier denn jemand angesprochen?? Was soll das überhaupt heißen: Trinken darf, wer nur glaubt? Eine merkwürdige Stimme, eine Stimme wie aus einer anderen Welt...

II Land des Lebens?

Eine zweite Stimme kommt dazu: (*dritte Stimme*)

> *Von deinen Sinnen hinaus gesandt,*
>
> *geh bis an deiner Sehnsucht Rand.*
>
> *Man muss nur gehen:*
>
> *Kein Gefühl ist das fernste.*
>
> *Lass dich von mir nicht trennen.*
>
> *Nah ist das Land, das sie das Leben nennen.*

Ja, solche Stimmen kenne ich auch in mir: Nah ist das Land, das sie das Leben nennen. Geh weiter, sprich aus, wonach es dich drängt. Trau dich, deine Träume zu leben...Aber ist es denn wirklich so nah, das Land, das Rainer Maria Rilke beschreibt? Ist es nicht unendlich weit weg, zertrümmert von Bomben auf wehrlose Zivilisten und geschmolzen in Reaktorblöcken? Und überhaupt: Hat nicht auch Gott, hat Gottes Sohn sich mit seiner mysteriösen Himmelfahrt sich unbarmherzig von uns verabschiedet?

III Begegnung auf dem Fest

Nein, er hat euch nicht im Stich gelassen, auch wenn es vielleicht so scheint! Sagt Johannes. Begleiten wir ihn auf dem Weg im Land des Lebens.

Tausende von Pilgern und Pilgerinnen haben Jerusalem erreicht, die Schöne, die Hochgebaute, Erhabene. Alle wollen sie zum Laubhüttenfest, das Fest der Ernte feiern. Jung und Alt nehmen heute teil an einer großen Wasserprozession. An den sieben Tagen des Festes wird ein goldenes Gefäß mit Wasser aus dem Teich *Siloah* gefüllt und für Wasserspenden in den Tempel (zum Brandopferaltar) getragen." Heute, am letzten Tag, tragen es die Priester siebenmal um den Altar, um es dann schließlich Gott darzubringen.

Zwei Menschen sind dabei – ein Mann und eine Frau, sie vielleicht um die 40 hat einen weiten Weg gemacht aus der Stadt Nablus im Samariterland. Er ist vielleicht Mitte 50 und lebt seit Kindestagen in Jerusalem. Priesteradel, vornehme Eltern, theologisch gebildet und politisch engagiert. Er sitzt im höchsten Gremium der Stadt, im hohen Rat. Aber die Macht interessiert ihn nicht, nicht mehr. Er ist gepackt von einem ganz anderen Wunsch. Er ist *fasziniert von Rabbi Jeschua, der so aufregende Zeichen getan hat. Neulich soll er aus Wasser Wein gemacht haben. Und dann hat er vor kurzem die Händler aus dem Tempel gejagt und gesagt, er könne ihn abreißen und in 3 Tagen wieder aufbauen. Er bewundert den Mut!* Deshalb war er letzte Nacht bei ihm. Keiner hat ihn beobachtet. Mit seinen bohrenden Fragen hat er ihn förmlich zugeschüttet. Ja, er bekam auch Antworten, aber oft auch nur Bilder und neue Fragen. Von einer Wiedergeburt aus Wasser und Geist hat Jesus geredet, von einem radikalen Neubeginn.

Wenn man nicht aus Wasser und Geist geboren wird, kann man nicht in das Reich Gottes kommen. Er möchte so gern verstehen, was das heißt, aber auch etwas davon spüren… Denn je länger je mehr, mag er sich nicht mehr zufrieden geben mit den gestanzten und gelehrten Antworten der Hohenpriester.

Wer Durst hat, soll zu mir kommen!
Trinken darf, wer glaubt!

Dann treffen seine Augen die der Frau. Na vielleicht nicht mehr ganz jung, aber... Ihre Augen suchen ebenfalls, aufgeregt, sehnsüchtig.

Es ist eine einfache Frau, eine aus dem Volk, ja man erkennt es an den Kleidern und ihrer Frisur, wahrscheinlich ist es sogar eine Ungläubige. Die Männer schauen ihr ja ganz schön nach.

Auch in ihr brodelt es. Seit sie ihn getroffen hat vor einigen Wochen draußen am Brunnen des Jakob, spürt sie es wieder: ihr Leben ist noch nicht vorbei. Es gibt noch mehr als die schöne Erfahrung von Zärtlichkeit und körperlicher Liebe, es gibt da auch noch eine andere Sehnsucht. Spirituelles Leben, Wasser für die Seele! Jesus hatte gesagt: Wer von dem Wasser trinkt, dass ich ihm gebe, der wird ewig keinen Durst mehr haben!

Ihrer Familie und den Leuten im Dorf hat sie von der Begegnung erzählt. Wenn du von dem Wasser trinkst, dass er dir gibt, wirst du keinen Durst mehr haben!

Ja, sie möchte ihn wieder hören, wieder sehen, am liebsten ganz allein in seiner Nähe sein.

IV Lebenswasser von ihm

Wen da dürstet, der komme zu mir

Und es trinke, der da glaubt!

Ruft es laut. Das ist seine Stimme, sie klingt kräftig, viel männlicher als damals am Brunnen.

Dann sieht sie sein Gesicht und hört:

*Von dessen **Leib** werden Ströme des lebendigen Wassers fließen.*

Sagt die Schrift.

Wen da dürstet, der komme zu mir
Und es trinke, der da glaubt!

Da ist es wieder, das Herzklopfen, die neue Hoffnung, die Begeisterung. In diesem Moment schaut er sie an. In ihr jubelt es. Das gilt auch für mich! Nicht nur jüdische Männer spricht er an, sondern auch mich, die samaritanische Frau. Endlich einer, der weiß, wo Gottes Kraftquellen anzuzapfen sind. Wo es Leben, wahres Leben gibt. Ihre Seele ist wie ein trockener Schwamm, sie saugt seine Worte gierig auf.

Und Er? Der nächtliche Besucher? Auch in ihm arbeitet es: Er murmelt die Worte vor sich hin:

Wen da dürstet, der komme zu mir und trinke. Wer an mich glaubt – wie die Schrift sagt – aus seinem Leib werden Ströme lebendigen Wassers fließen.

Jesus nimmt das für sich in Anspruch, denkt er. Er selbst gibt den göttlichen Geist, um den Lebensdurst zu stillen, Freude zu schenken. Wie schön! Er ist ein ganz außergewöhnlicher Prophet…

Während Nikodemus noch grübelt, schaut ihn Jesus an, tritt auf ihn zu: Vertrau mir.

Ich zeige dir den Weg der Wahrheit. Ich mache dich frei.

Auch der Frau wendet sich Jesus zu: Glaube mir, ich bin das lebendige Wasser, vertraue mir deine Sehnsucht an. Sie wird gestillt werden.
Sie spürt, wie sich etwas in ihr verändert. Sie meint förmlich selbst zu einer Quelle zu werden, aus der es sprudelt. Nicht nur ein stilles Wasser, sondern eine richtige Fontäne. So intensiv hat sie lange nicht gefühlt…

V Vitaldrink des Lebendigen

Beneidenswert diese Begegnungen, nicht wahr? Leider lassen sich solche spirituellen Höhenflüge heute nicht mehr realisieren, denken Sie jetzt vielleicht. Aber wieso eigentlich? Ich höre diesen Jesus heute Morgen sehr gut mit seiner Einladung! Ja, hier in diesem Gottesdienst!

An einem 1000 Jahre alten Kraftort des Lebens. Rechne also damit, dass Gott auch mit dir redet. Dass Jesus auch in deinem Leben Raum bekommt. Verschließ deine Ohren und dein Herz nicht für die frohe, die belebende Botschaft!

Ich komme gerade vom Kirchentag in Dresden: wo wir diese Erfahrung machen konnten. Tausende von Menschen hellwach für Gott und für diese Welt.

Herzen, Mund und Hände erhoben zum Lob, Gemeinschaft wird neu erlebt.

Wo dein Schatz ist, da wird auch dein Herz sein. Hieß das Motto.

Eine Antwort auf die Frage nach Leben auf den spirituellen Dauerdurst der Gegenwart, *eine* Antwort auf die Sehnsucht nach dem Land des Lebens: Lass dich mitnehmen, spüre ihn selbst diesen lebendigen Strom: Wenn du nachher an seinem Tisch das auffrischst, was dir in der Taufe schon zugeflossen und dein Leben überströmt hat, kannst du es schmecken und sehen. Wenn du seine Stimme selbst hörst: Für dich gegeben, für dich vergossen. An diesem Ort sollst auch du zur Kraft- und Lebensquelle für Andere werden. Nicht nur getauft sein, sondern Wasser des Lebens weitergeben.

Jesus sagt dir: *lass dich begeistern von mir, von dem, der das Wasser hat und den Geist schenkt, damit du andere wieder be- geistern kannst.*

Du darfst selbst ein Durstlöscher sein, ein Vitaldrink des Lebendigen in einer durstigen Welt. Ich lege deine vertrockneten Quellen frei und gebe dir Raum zum Leben, damit auch Andere Raum zum Atmen und Wasser zum Leben durch dich bekommen.

Wen da dürstet, der komme zu mir

Und es trinke, der da glaubt!
Dann wirst du sehen:

Aus **deinem Leib** werden *Ströme des lebendigen Wassers* fließen. Amen.

2. Sonntag nach Trinitatis (Jes 55,1-3a):[19] Kauft umsonst!

Liebe Gemeinde,

stellen Sie sich vor, Sie machen einen Einkaufsbummel in einer Großstadt. Mehr oder weniger zufällig betreten Sie einen Antiquitätenladen und stehen auf einmal vor einem wunderschönen alten Möbelstück. Ein Biedermeiersekretär, wie Sie ihn schon lange erträumt haben. Das Holz, die Proportionen, alles ist absolut perfekt. Schon wollen Sie fragen, was er denn kostet, da folgt die Ernüchterung. Auf einmal sehen Sie einen kleinen Aufkleber dran: Unverkäuflich.

I Orientalischer Markt
Die Szenerie unseres Predigttextes, liebe Gemeinde, spielt nicht im Halbdunkel eines mitteleuropäischen Antiquitätengeschäftes, sondern im grellen Mittagslicht eines orientalischen Marktes. Babylon vor ungefähr 2500 Jahren, unweit des jüdischen Viertels. Da wuselt und drängelt es von allen Seiten. Auf der einen Seite des Basars lenkt ein Feuerspucker die Aufmerksamkeit auf sich, und auf der anderen drängen sich die Leute um eine Bauchtänzerin. Ein Zauberer zieht eine Kinderschar in seinen Bann, und in einem Seitengässchen liest eine Zigeunerin ihren Kunden aus der Hand. Angebote für jeden Geschmack! Es ist ziemlich laut, wenn man nicht schreit, versteht man sein eigenes Wort nicht. Doch da kommt einer und ruft: Auf, hierher. Aufgepasst!

Text: Jesaja 55,1-3a
Sie haben recht gehört, liebe Gemeinde. Da bietet einer nicht nur Wasser, sondern auch noch Milch, Wein und gebackene Köstlichkeiten *zum Nulltarif* an! Da verschenkt einer doch tatsächlich nicht nur lebenswichtiges Wasser, sondern auch noch teuren Wein und feine Leckereien! Er ist ganz schön selbstbewusst, wenn er sagt: *Hört auf mich, dann wird eure Seele leben!*

Damit sind wir bereits mittendrin in unserem Predigttext aus dem Propheten Jesaja im 55. Kapitel. Der Prophet tritt hier als Marktschreier auf. Er ist sich nicht zu schade, seine „Ware", die *Gnadenbotschaft Gottes*, in origineller Gestalt unter die Leute zu bringen. Ja, er hat sich etwas einfal-

---
[19] Marienkirche Reutlingen 2001: Examenspredigt, gekürzt und überarbeitet.

len lassen, um seine Zeitgenossen zum Zuhören zu reizen. Vielleicht verschenkt er in seinem Bauchladen ja tatsächlich Wasser, Milch, Wein und Fettspeisen - wir wissen es nicht. Er tut das, um seine Volksgenossen wachzurütteln, Menschen, die gerade dabei waren, sich mit ihrem Schicksal in der Fremde abzufinden. Er ermuntert Leute, die ihren Glauben und ihre Hoffnung, ja vielleicht sogar sich selbst aufgegeben haben. Und vom lieben Gott erwarten sie schon lange nichts mehr. Darum braucht es eine originelle, eine mutige und kraftvolle Inszenierung, wie wir heute im Theater sagen.

II Sinnliche Wahrnehmungskunst
Der Prophet beginnt deshalb nicht mit einer theologischen Abhandlung. Das wäre zu abstrakt, zu hölzern dogmatisch. Er eröffnet seinen Auftritt auch nicht mit einer Drohung, einer Gardinenpredigt sozusagen. Damit würde er die Tür für die Zuhörer zustoßen. Er beginnt mit einer Einladung, die mitten im Leben einsetzt. Eine Einladung zum Fest des Lebens hier und jetzt. Zu einer ungewöhnlichen Entdeckungsreise, sinnlich und lebensfroh: Jesaja überlässt die schönen Seiten des Lebens nicht der „bösen Welt", sondern behauptet, dass all das aus der Hand Gottes kommt, dass all das, was wir täglich an Schönem erfahren, schon Gnade ist: *Wasser*: nicht nur im Orient, sondern auch bei uns Lebensbasis schlechthin. Wenn es einmal abgestellt wird, merken wir erst, was uns alles fehlt. *Milch:* Symbol für das verheißene Land, in dem Milch und Honig fließen, aber auch für uns und unsere Kinder Grundnahrungsmittel in vielerlei Gestalt. Ja und erst der *Wein:* Inbegriff für Lebensfreude und Fest. Der Wein und die Köstlichkeiten der Küche stehen für den *Überfluss*. Sie stehen dafür, dass Gott uns nicht nur Wasser und Brot gibt, uns an der „kurzen Leine hält", sondern unsere *Füße auf weiten Raum* stellt, wie es auf dem Kirchentag hieß. Doch worauf zielt das alles, was will der Prophet mit dieser *Inszenierung des Evangeliums* sagen?

Der Auftritt des Marktschreiers ist zunächst einmal eine *Ermunterung zum Hinschauen und Genießen*: In dem, was wir täglich *umsonst* bekommen, können wir Gott und seine Gnade erkennen. So können wir staunend etwas von seiner Liebe Gottes wahrnehmen: das ist Ästhetik, Wahrnehmungskunst der Schöpfung: das wärmende Sonnenlicht, den Duft des Flieders, den Geschmack von frischen Erdbeeren, die wunderbare Weite des Meeres; all das sind Gaben, mit denen uns der Schöpfer höchstpersönlich erfreut. Doch das ist noch nicht alles: *Das sinnliche Evangelium* richtet sich nicht nur an *Auge, Nase und Gaumen, sondern auch an Gehör und Gefühl*: „Wer fühlen will, muss hören!", lautet ein knalliger Slogan einer Radiowerbung. Stimmt! Wer am Leben nicht vorbeileben, wer nicht abstumpfen will, der sperrt alle fünf Sinne weit auf, um *hinter der sinnlichen Welt die Ideenfabrik eines sinnlichen Schöpfers* zu erkennen. Deshalb ruft der Prophet im Namen Gottes: *„Hört auf mich, so wird eure Seele leben".*

III Hört auf mich!

Dieses Hören hat auch etwas mit Orientierung und Werten zu tun, liebe Gemeinde. Nicht zufällig tritt der Prophet auf einem Markt, also in aller Öffentlichkeit, auf und fragt: *„Warum zählt ihr Geld dar für das, was kein Brot ist, und sauren Verdienst für das, was nicht satt macht?"* Mir kommt diese Anfrage sehr aktuell vor: *Hier werde ich entlarvt*, wie ich immer mehr will: mehr Erfolg und Ansehen, mehr Geld und Besitz, mehr Lust, mehr „Erleben", aus Angst, ich könnte irgendetwas verpassen. Viele Menschen in unseren Breiten gehen auf der Jagd nach diesen Gütern kaputt: 2,8 Millionen Haushalte in Deutschland sind finanziell bankrott und die Wartezimmer der Ärzte und Therapeuten sind so voll wie noch nie in der Nachkriegsgeschichte: *Warum gebt ihr euer sauer verdientes Geld aus für Nahrung, die nicht satt macht, für Dinge, die euch auf dem Markt kommerzieller Möglichkeiten vorgegaukelt werden? Warum rangieren Wirtschaftswachstum und Karriere in eurer Werteskala ganz oben? Wie könnt ihr Forschungsprojekte gutheißen, in denen menschliches Leben vermeintlich verbessert, anderes dagegen ausgemustert und zum Abfall wird?*

Die göttliche Alternative ist schlicht und offenbar doch schwer zu beherzigen: *„Hört auf mich, so wird eure Seele leben!"* Unser Schöpfer ruft dir damit zu: „Alles, was zu dir gehört, der ganze Mensch mit Seele und Leib, wird satt, wo du mir vertraust! Komm zu mir gerade mit deinen ganz diesseitigen Bedürfnissen, bei mir bist du richtig!"

IV Kauft umsonst!

„Kauft umsonst!" ruft der Prophet! Klingt das nicht wie ein Widerspruch in sich? Oder meint er etwa bargeldlos im Tausch gegen andere Naturalien? Oder übertreibt er, so wie wir sagen: „Das ist ja geschenkt!", um eine „Spottpreis" zu bezeichnen? Ich denke nicht. Es geht um diese Spannung, diesen Widerspruch in sich. Kaufen ist nämlich etwas, was irgendwie elementar zum Menschsein dazugehört. Schon seit Jahrtausenden gibt es Händler, Märkte und Leute, die dort gerne einkaufen. Daran hat sich bis heute nichts geändert. „Ich kauf, ich kauf" singt Herbert Grönemeyer. Und zeigt damit, was unser heutiges Menschsein zumindest auch ausmacht. Vielleicht ist das ja auch eine gute Nachricht. Kaufen an sich ist nichts Böses. Es gehört zu uns wie Essen und Trinken und Feiern.

Wir dürfen zugreifen, das erwerben, was zu uns passt, womit uns im besten Sinne des Wortes gedient, *von Gott gedient ist*. Doch – und das ist die eigentliche Sensation – eben umsonst. Sich nicht vom „billigen Jakob" etwas aufschwätzen lassen, dessen Erwerb einen nachher ärgert! Kein aufdringliches Werbegeschenk, das man gar nicht braucht, übergestülpt bekommen, sondern das umsonst und doch bewusst erwerben, *was für mich gut ist! Das ist Evangelium*. Doch ist es wirklich so einfach?

D. Bonhoeffer hat an dieser Stelle Einspruch erhoben und der Kirche vorgeworfen, dass sie es sich mit der Gnade zu einfach und Gott dadurch zum „billigen Jakob" macht: *„Billige Gnade ist der Todfeind der Kirche...Billige Gnade heißt Gnade als Schleuderware, verschleuderte Vergebung, verschleuderter Trost, verschleudertes Sakrament; Gnade als unerschöpfliche Vorratskammer der Kirche, aus der mit leichtfertigen Händen bedenkenlos und grenzenlos ausgeschüttet wird; Gnade ohne Preis, ohne Kosten."*

„Teure Gnade ist der verborgene Schatz im Acker, um dessentwillen der Mensch hingeht und mit Freuden alles verkauft, was er hatte; die Königsherrschaft Christi, um derentwillen sich der Mensch das Auge ausreißt, das ihn ärgert. Teure Gnade ist das Evangelium, das immer wieder gesucht, die Gabe, um die gebeten, die Tür, an die geklopft werden muß."

Ich möchte an dieser Stelle Bonhoeffer widersprechen, so sehr ich ihn sonst schätze: Dadurch, dass wir uns um Gottes willen ein Auge ausreißen, kommen wir dem Himmel nicht näher, und dadurch wird auch die Gnade Gottes nicht teurer. Es stimmt: wir sind teuer erkauft, Gott hat in Christus das Beste für uns gegeben, was er hat. Aber gerade deshalb, weil dieser Einsatz so hoch war, weil die erworbene Gabe - nicht weniger als das *ewige Heil!* - so unendlich kostbar ist, können und brauchen wir nichts mehr dazu tun. Nicht die „billige oder teure Gnade", sondern *wir sind das Problem*! Können wir uns wirklich etwas schenken lassen, ohne uns so schnell wie möglich wieder revanchieren zu wollen? Ohne ein unangenehmes Gefühl im Bauch, wieder jemand etwas schuldig zu sein?

Lassen Sie uns an dieser Stelle auf die kleine Geschichte vom Anfang zurückkommen. Wenn diese Geschichte *eine Gnadengeschichte* sein soll, dann muss sie anders aufhören:
Nehmen wir an, Sie betreten den Laden nach kurzer Zeit noch einmal, um sich zu vergewissern, dass auf dem kleinen Aufkleber tatsächlich „unverkäuflich" steht. Da taucht der Ladenbesitzer auf und spricht Sie an: „Ihnen gefällt der schöne Sekretär?" „Ja, aber er ist doch..." stammeln Sie. „Unverkäuflich", ergänzt er. „Stimmt. Er ist unverkäuflich, es gibt ihn nämlich nur geschenkt!"
Was würden Sie tun? Höflich ablehnen oder die Gelegenheit beim Schopf packen und freudig zugreifen? Ich sage nur mit dem Propheten:
Hört, so werdet ihr leben!
Amen.

5. Sonntag nach Trinitatis (1. Korinther 1,18-25):[20] Skandal!

Che scandalo! What a shame! Quel malheur! Welch ein Skandal!

Die italienischen *Tifosi* sind am Boden zerstört, die englische Presse schüttet Ärger und Spott über ihre Mannschaft aus und die Grande Nation fühlt sich so in ihrer Ehre gekränkt, dass der Präsident höchstpersönlich den ehemaligen Trainer, den Kapitän der Equipe tricolore in den Elyssée-Palast einbestellt.

Welch ein Skandal! Drei große europäische Fußballnationen sind bei der Weltmeisterschaft ausgeschieden und am Boden zerstört. Verlieren, das wäre es ja gar nicht, nein auf diese Weise, so schmählich verlieren – ist ein Skandal.

Was ist das eigentlich ein Skandal, liebe Gemeinde?

Manchem mag das Lied der Spider Murphy Gang aus den 80ern einfallen: „Skandal im Sperrbezirk, Skandal um Rosi". Ja, auch im Rotlicht-Milieu gibt es Skandale... In diesem Fall war es die Konkurrenz des Gewerbes, die Skandal schreit...

Skandale scheint es immer dann zu geben, wenn etwas so ganz und gar gegen unsere Erwartung, gegen die bürgerliche Norm, gegen den Anstand geht.

Von einem Skandal – er nennt ihn den größten Skandal der Weltgeschichte - spricht auch der Apostel Paulus im heutigen Predigttext.

Text 1. Korinther 1,18-25

Ein „rhetorisches Meisterstück des Paulus", so kann man in vielen Kommentaren nachlesen, ist das.

Oder der „Programmtext paulinischer Theologie zum Tod Jesu". Paulus fragt sich und uns: Was hat es mit dem Kreuz auf sich? Welche Bedeutung kommt ihm zu im Dialog mit anderen Religionen? Welche Aktualität hat dieses Kreuz heute im Ringen mit anderen Weltanschauungen, von denen es in Korinth ähnlich viele gab wie bei uns?

---

[20] Michaeliskirche Hildesheim, 2010

Wahrscheinlich fiele Ihnen, würde ich jetzt etwas Zeit zum Nachdenken und Schreiben geben, sofort etwas dazu ein: Schlichte kleine Kreuze aus Silber hängen um den Hals, feine aber ebenso einfache aus Holz hängen in unseren Gästezimmern des Michaelisklosters. Es gibt Kruzifixe mit dem leidenden Christus, gotische und barocke, auch bemalte Kreuze wie etwa in der Toscana, oder auf Ikonen der Ostkirche. Ich denke aber auch an Gipfelkreuze, zumal jetzt im Sommer, hoch auf den Alpengipfeln. Hinweise auf den kleinen Hügel Golgatha in Jerusalem. Manch einer denkt vielleicht an den Kruzifixstreit, an bayrische Schulen oder Gaststätten. Das Kreuz als eine Art Talisman im Auto oder im Omnibus.

Kreuze sind – wie hier in der Michaeliskirche - vielfach im Osten unserer Kirchen aufgestellt. Damit bekennen Christen, dass für sie der Gekreuzigte auch der kommende, der wiederkommende Herr ist. Viele Kirchen sind in Kreuzform gestaltet wie unser Haupt- und Querschiff in der Michaeliskirche. Katholische Christen bekreuzigen sich als Erinnerung an ihre Taufe, wenn sie am Weihwasserbecken vorbeigehen. Auch der Segen schließt mit dem Kreuz: Segen kommt von *signare:* sich mit dem Kreuz bezeichnen. Das Kreuz – so sagen manche - ist das erfolgreichste Logo der Welt, 1,5 Milliarden Menschen bekennen sich dazu, verehren es als Zentrum ihrer Religion, weil hier etwas Weltbewegendes, etwas Weltveränderndes geschehen ist.

Doch was ist mit den Anderen, die sich nicht Christen nennen? Mit ihnen beschäftigt sich Paulus:

Den Juden ein *Skandalon; ein Ärgernis, Gegenstand der Entrüstung der Missbilligung, könnte man übersetzen* und den Griechen eine *Torheit, eine Absurdität, Blödsinn.*

Warum eigentlich? Was ärgert Juden und veranlasst Griechen zur Verspottung des Kreuzes Christi?

Zunächst die Griechen: Ein leidender Gottessohn, ja mehr noch: Gott selbst am Galgen, das geht gar nicht. Für viele, z.B. für die philosophische Richtung der Stoiker galt das sogenannte Apathieaxiom. Es besagt schlicht: (Ein) Gott kann nicht leiden.

Darum hagelte es auch schon früh beißenden Spott: z.B. das Eselskruzifix, das man auf dem römischen Palatin gefunden hat: Ein Esel hängt da am Kreuz, möglicherweise der beißende Spott eines Römers auf das

Bekenntnis eines Christen zum Gekreuzigten. (Vielleicht hat es ja auch ein Schüler in den Stein geritzt, um seinen christlichen Mitschüler zu brüskieren.)

Ähnliches gilt für die Juden. Auch jüdische Erwartung des Messias ist nicht mit dem Kreuz vereinbar. Die Hoffnung der Juden richtet sich auf einen starken Erlöser, die politische Dimension ist dabei unverzichtbar: Heil und Macht gehen vom Zionsberg in Jerusalem aus: Sein Szepter herrscht über die Völker. Strahlend bringt er die Völker in einem großen Reich des Friedens zusammen.

Doch wieder zu uns, liebe Mitchristen. Heute – fast 10 Jahre nach dem Kruzifixstreit an Bayerns Schulen - ist das Kreuz sogar in theologischen Fachkreisen umstrittener denn je: Sollen wir wirklich immer noch nach Golgatha schauen? An einen Ort, der vor Blut trieft, scheinbar machtlos zugesehen und menschlicher Brutalität gerade nicht Einhalt geboten hat? Kann hier das Rettungszeichen Gottes seinen Ort und das Heil der Welt seinen Grund haben?

Ich gebe zu: Auch mir fällt das nicht immer leicht. Auch ich kann nicht „frisch, fromm, fröhlich, frei" von diesem Kreuz reden: Es fordert mich heraus, intellektuell, spirituell, existenziell. Aber – und das bekenne ich gerne – es lässt mich jedenfalls nicht kalt.

Ich spüre, dass es nicht reicht, den christlichen Glauben und damit auch das Kreuz als Symbol, lediglich als Kulturgut der abendländischen Tradition retten zu wollen. Diese Argumentation hilft nicht wirklich weiter, wenn es um meinen Glauben und um den Glauben der Kirche geht.

Was macht Paulus? Paulus spricht mit seiner programmatischen Passage an die Korinther ein viel tiefer liegendes Problem an, das erstaunlich aktuell ist: Paulus sagt: Ihr werdet mit eurem Glauben an den gekreuzigten Jesus von Nazareth nicht gut ankommen bei den Leuten. Euer Anliegen, euer Bekenntnis, ja auch eure Hoffnung werden nur bei wenigen Leuten Begeisterung auslösen. Sie lassen sich schlecht, nein eigentlich gar nicht auf dem Markt der spirituellen Möglichkeiten verkaufen. Das sagt – *notabene* – der große Heidenmissonar Paulus, der keine Mühe und Kraft scheute, um das Evangelium von diesem Christus am Kreuz den Menschen seiner Zeit weiterzusagen.

Der große Dichter Johann Wolfgang von Goethe spottet:

Mir willst du zum Gotte machen / solch ein Jammerbild am Holze!

Mal Hand aufs Herz. Paulus fordert uns heraus zur Ehrlichkeit: Wie ist das eigentlich bei dir, wenn du das Gefühl hast: Das, was dir wichtig ist, was für dich zählt, was dir Halt und Erfüllung, Freude und Hoffnung gibt, wird von vielen nicht verstanden, ignoriert, ja du wirst sogar ausgelacht? In der Schule oder im Beruf, ja schlimmer noch: in der eigenen Familie. Du kannst das, woran du glaubst, nicht mit denen teilen, die dir nahe stehen...

Damit sind wir schon ziemlich nah am Kern dessen, was uns Paulus – nach meinem Dafürhalten – sagt:

Die Weisheit der Welt macht Gott zu einer Torheit.

Denn es gefällt Gott, durch eine törichte Predigt zu retten.

Die Weisheit der Welt hat viele Facetten, einiges ist im Blick auf jüdisches und griechisches Denken schon angeklungen. Wie lauten andere Alternativen?

Der große Königsberger Philosoph Immanuel Kant spielt in seiner *Kritik der praktischen Vernunft* und seiner *Metaphysik der Sitten* auch mit einer Option, die wesentlich ohne das Kreuz auskommt: Gerechtigkeit für alle, lautet die Devise: Jedem das Seine. Am Ende, sagt er, muss es einen Ausgleich geben für all das, was man hier und jetzt getan oder auch erlitten hat. Da gibt es eine höhere Macht, die den Gerechten belohnt und den Bösen straft. Das große Gerichtsforum am Ende der Weltgeschichte. Auch Schiller hatte eine Sympathie dafür.

Vergiss es, sagt Paulus. Das mag sich nach Weisheit, vielleicht sogar nach frommer Lebenshaltung anhören, respektabel klingen für unsere Vernunft, aber es hat im Licht Gottes, besser: im Licht des Kreuzes keinen Bestand: Keine Rettung gibt es dadurch, sagt Paulus. Was am Ende zählt, ist die schlichte, törichte Predigt vom Kreuz. Nicht der kategorische Imperativ des DU SOLLST wird dich retten, sondern die kategorische Gabe des Gekreuzigten: FÜR DICH GEGEBEN

Woher nimmt Paulus dieses Vertrauen? Und was helfen seine Gedanken uns heute?

Er hat am eigenen Leib erfahren, wie er als kluger, studierter, philosophisch und theologisch hochgebildeter Mensch diesem Christus begegnet ist. In einem gleißenden Licht, das ihn blind machte und von seinem hohen Ross gestoßen hat. Er hat aber auch das andere erlebt, Heilung, Zuspruch einen neuen Auftrag. Und er hat das durchdacht, was unser Verhältnis zu Gott, zu unserer Welt und zu unseren Mitmenschen trägt:

4 **G's** sind es, die ich Ihnen heute mitgeben möchte:

Das Kreuz Christi ist ein **Gerichtserweis Gottes**. Hier geschieht eine Vernichtung des Bösen. Die unzähligen bösen Taten der Menschen in Krieg und Verfolgung - auch in den mittelalterlichen Kreuzzügen im Zeichen des Gekreuzigten - sind ans Kreuz geheftet und werden mit ins Grab versenkt, damit neues Leben entstehen kann. Die Schuld, persönliche und gemeinschaftliche, individuelle und globale ist durchgestrichen. Das ist das GERICHT, das am Kreuz stattfindet.

Darin ist das Kreuz Christi zugleich auch ein Liebesbeweis Gottes. Es geht nicht darum, dass hier der gottmenschliche Sohn den zornigen Vater besänftigt, so ähnlich wie es die Religionen tun, wenn sie mit ihren Opfern die Gottheit gnädig stimmen wollen. Nein: es geht um Freundschaft, Liebe zu den Menschen, in letzter Konsequenz: Er lässt sein Leben für seine Freunde, er springt für sie die Bresche, sagt Johannes. Für die ganze Menschheit tut er es, sagt Paulus, universal ist diese Liebe. Das Kreuz ist (2.) also: **Geschenk.**

Das Kreuz Christi ist eine Ermutigung, nicht nur Anstoß. Es ermutigt zur Solidarität mit denen, die leiden, denen, die weniger haben. In diesem Sinn ist es an der Zeit, dass wir Position beziehen als Christen, wenn die soziale Schere in unserem Land immer mehr auseinander geht. Das ist nun wirklich ein Skandal. Die Reichen werden reicher und die Armen ärmer: Darum fordert das Kreuz uns heraus zum *Gehorsam* (zur gehorsamen Nachfolge des Gekreuzigten). Das Kreuz ist auch *Gebot.*

Zuletzt denken wir nochmals an das Gipfelkreuz: Das Kreuz Christi weist in den Himmel und die Weite der neuen Welt Gottes, schon hier und jetzt. Es ist und bleibt damit immer auch **Geheimnis**. Gott hätte die Welt auch anders retten können. Diesen Ratschluss können wir nicht ergründen, sondern nur anbeten, wie Melanchthon gesagt hat.

Gericht *(an der Schuld der Welt) und* ***Geschenk*** *der radikalen Hingabe Gottes für uns –* ***Gebot*** *(Christus und seiner Liebe nachzufolgen) und* ***Geheimnis****,* das wir nicht ergründen können.

Der Stachel wird bleiben auch in unseren Kirchen:

Hängt ihn doch ab den alten Kruzifixus in eurer Kapelle, er passt nicht zum modernen Design des Michaelisklosters, sagten mir schon vor einiger Zeit kluge Menschen, die etwas von Ästhetik verstehen. Und zum neuen Kruzifix hier in der Apsis der Michaeliskirche, habe ich immer wieder gehört: „Schön ist das nicht. Ich dachte er sei nur gekreuzigt, nicht verhungert u.ä."

Aber warum sollte unser Kruzifixus nicht auch – wenigstens indirekt - auf das Leid der hungernden Menschen hinweisen? Gerade als der Hässliche, Ärmliche, der vermeintlich Ohnmächtige und Unattraktive lässt Gott sich zu uns hernieder. Keinen, den wir unseren Zeitgenossen stolz auf einem Hochglanzprospekt vorzeigen können, der unmittelbare Konsequenzen für unser Monatsgehalt bringt.

Ich bin froh, dass es so ist, liebe Gemeinde. Gerade darin erweist sich die große Kraft des Kreuzes, wie ein Schatz, der sich immer wieder neu öffnet, der immer wieder neue Entdeckungen, neuen Trost und neue Orientierung bietet.

Ja, ich freue mich darauf, noch manches Gipfelkreuz zu sehen: Hinweis auf den Himmel Gottes, der uns durch Christus aufgeschlossen ist. Aber auch Hinweis auf die Menschen, die in dieser Welt um uns her ihm nachfolgen. So, liebe Schwestern und Brüder, wird das Kreuz zum Heilszeichen, zum Ort der Rettung schon hier und jetzt.

Dafür dürfen wir ganz demütig „Danke sagen":

Seh ich dein Kreuz den Klugen dieser Erden

ein Ärgernis und eine Torheit werden:

so sei's doch mir, trotz allen frechen Spottes,

die Weisheit Gottes.

7. Sonntag nach Trinitatis (2. Mose 16,2.3 und 12-18):[21] *Was brauchst du wirklich!?*

I Warum werde ich nicht satt?

An unserem Supermarkt hing lange Zeit ein Plakat. Von weitem sichtbar ist das Wort *Krisenherd* darauf zu lesen. Eine erloschene Feuerstelle und ein angerosteter Topf mit einem bisschen Wasser sind zu sehen. Wenn ich es betrachte, weiß ich sofort: Davon wird man nicht satt. Daraus wird keine Suppe mehr, nicht mal ne dünne. Mein schlechtes Gewissen überkommt mich. Was kann ich dagegen tun? *Brot für die Welt* klopft an.

Im Netz stoße ich auf ein ziemlich neues Lied der Gruppe „Die Toten Hosen". Das Lied trägt den Titel: Warum werde ich nicht satt!?

Jeden Sonntag zähle ich mein Geld, und es tut mir wirklich gut, zu wissen wieviel ich wert bin, und ich bin grad hoch im Kurs. Ich hatte mehr Glück als die meisten, habe immer fett gelebt. Und wenn ich wirklich etwas wollte, hab' ich's auch gekriegt!

Warum werde ich nicht satt? Warum werden wir nicht satt?

Campino beschreibt die Not eines Menschen, der – sagen wir es mal ehrlich – ein Luxusproblem hat. Zumindest auf den ersten Blick. Denn dieser Mensch hat eine Villa, zwei Autos, jede Menge Partys und und und. Trotzdem wird er nicht satt. Warum verrät er uns nicht – er stellt es nur fest...

Versuchen wir uns dieser Frage zu stellen. Warum werden Menschen nicht satt und was bewirkt das Gefühl, nicht satt zu werden?

II Wüste

Schauen wir dazu in die Bibel. Wir befinden uns irgendwo auf der Sinaihalbinsel. Das Rote Meer, wir haben eben davon gesungen, haben sie hinter sich. Das Meerwunder liegt Wochen, vielleicht sogar Monate zurück. Der Jubel und der Tanz der Miriam sind verstummt. Doch immer wieder erleben sie die kleinen Wunder des Alltags: Trinken dürfen sie in

---

[21] Landesgartenschau Papenburg 3.8. 2014.

der Oase von Elim bei den 70 Palmen. Und sie lagerten sich am Wasser, heißt es dann ganz schön.

Doch sie sind noch nicht am Ziel. Sie brechen wieder auf... Die Schritte werden schwer. Wohin? Sie wissen es nicht. Wie lange noch? Keine Ahnung.

Gemeinsames Lied: *Die Wüste vor Augen*, Str. 1[22]

Und dann passiert Folgendes:

Lesung 2. Mose 16,2.3

Der Erzähler führt uns durch Höhen und Tiefen des Lebens in dieser Geschichte. Am Anfang steht das Murren. Denn so müssen wir nüchtern feststellen: Das Essen war knapp, Steine und Sand kann man nicht essen. Und sie waren viele! Wenn der Magen knurrt, werden Menschen unleidig. Dann handeln sie nicht solidarisch, sondern werden neidisch, vielleicht sogar bereit zu Gewalt und kriegerischen Kämpfen. Das Volk agiert seinen Frust an den Verantwortlichen aus. Brennend aktuell finde ich. Wutbürger im Zorn gegen die Obrigkeit. Da ist schnell alles andere vergessen: die Freiheit, die kleinen Oasen zwischendurch, das Wunder am Schilfmeer.

Doch dann meldet sich Gott zu Wort:

Lesung V12-18

III Wunder

Eine tolle Geschichte. Der Höhepunkt ist für mich: Jeder hatte so viel, wie er zum Essen brauchte... Welch ein wunderbarer Satz. „So viel du brauchst" titelte der Hamburger Kirchentag. Ja so ist es: Die einen sammeln viel, die andere wenig, es reicht für alle. Für die Schlanken und die Dicken, für Kinder und Erwachsene, Frauen und Männer. Sie wissen gar nicht so recht, was es ist und fragen Man hu? Was ist denn das?

Vielleicht war es eine Art Honigtau von der Tamariske, die auf dem Sinai wächst. Beduinen verwenden bis heute ähnliche Stoffe als Honigersatz. Er erhärtet sich in der Nachtkühle und kann eingesammelt werden. Übri-

---

[22] Liederheft KlangFülle für den Kirchentag in Hamburg, 87.

gens kann er auch bis heute in manchen Apotheken als Manna gekauft werden. Dasselbe gilt auch für das Wachtelwunder:

Dass hin und wieder mal ein Schwarm Zugvögel auf der Halbinsel durchfliegt, zu denen auch die ca. 18 cm große Wachtel gehört, ist nicht nur denkbar, sondern sogar nicht unwahrscheinlich, wie die Bibelwissenschaft uns lehrt. Also doch kein Wunder?

Doch! Für Israel war es ein Wunder, eine Rettung aus Hungersnot, vergleichbar mit der Speisung der 5000, die wir eben im Evangelium gehört haben. Ein Wunder wird mit übernatürlichen Ereignissen – oder sagen wir besser – durch ein Handeln Gottes erklärt. Ja, hier ist es sogar noch mehr: Gott selbst spricht dazu (durch Mose): Er spricht zweimal: Einmal vorher: **Ich** *habe euer Murren gehört!* Ohne Vorwurf! Gott gibt das Versprechen: Ihr sollt Fleisch zu essen haben am Abend und am Morgen Brot. Am Morgen, nachdem sie die Speise vor Augen haben, spricht Gott ein zweites Mal: *„Ein jeder sammle so viel er zum Essen braucht!"* Das ist eindeutig ein Gebot: Jeder soll/darf nur so viel sammeln, wie er braucht. Im Klartext: den anderen sollen sie nicht unnötigerweise etwas wegessen.

IV Was hilft gegen Hunger?

Hilft uns das gegen unseren Hunger, den spirituellen und den leiblichen? Ich bin ein bisschen vorsichtig, alles immer gleich auf die spirituelle Ebene zu schieben. Denn es gibt in unserem Land wirklich Menschen, die solchen Hunger haben, dass sie abends nicht satt werden. Das ist schrecklich. Und ich will nicht für mich die Hand ins Feuer legen, wie ich handeln würde, wenn ich nach Tagen des Hungers die Möglichkeit hätte, mich und meine Familie mit Essen zu versorgen. Und doch hat diese Geschichte eine leibliche und eine geistliche Seite.

Die zweifache Gottesrede und die ganze Geschichte lenken uns in eine doppelte Richtung: zu Gott und zu den Menschen. Gott sagt: Ich versorge dich. Er sagt allerdings auch: Bereichere dich nicht auf Kosten anderer. Dankbarkeit könnte meine Reaktion auf das Eine sein. Eine Grundhaltung, die auch Menschen außerhalb der Kirche formulieren. Die Therapeuten sagen: Danken macht glücklich, Loben zieht nach oben. Und die andere Devise heißt schlicht: Teilen, teilen, teilen und nicht raffen. Teilen macht glücklich. Geteilte Freude ist doppelte Freude, geteiltes Leid halbes Leid, sagt der Volksmund. Stimmt.

V Bekenntnis

Ich bekenne, dass ich selbst an diesen beiden Stellen immer wieder schuldig werde. Ich vergesse zu danken. Schreibe mir meine Erfolge auf die eigene Fahne. Ich bin so kompetent, so fleißig, so liebevoll. Au weia. Und dann ertappe ich mich auch dabei, wie ich versuche, mitzunehmen, was geht, und ins Straucheln gerate mit meinen eigenen Werten. Nein, das wollte ich nicht, denke ich dann oft. Ich wollte ihm den Platz nicht wegnehmen, ich wollte nicht auf Kosten von ihr glänzen, ich wollte niemand übervorteilen. Und bin dann doch so schwach. Oh Je. Hätte ich doch mal an ihn gedacht, der sagt: *Ich bin das Brot des Lebens*....

Ich behaupte, vermute einmal: Damit ist die Wurzel vieler Kriege benannt: Wer hat den besten Platz im Konzert der Mächtigen? Wer hat Zugang zu Öl, Erdgas und anderen Ressourcen? Was im Kleinen beginnt, wird im Großen mit allen Zeichen des Schreckens sichtbar. So entstehen dann auch Spiralen der Gewalt und der Vergeltung, wie wir sie laufend in den Konflikten der Gegenwart sehen können.

VI Merry Christmas

Ich komme nun zu einem vielleicht überraschenden Transfer, zu einer Art Zusammenschau der Wüsten-Geschichte mit einer Geschichte aus dem 1. Weltkrieg, dessen wir eingangs in einer Schweigeminute gedacht haben.

Ein Film mit dem Titel *Merry Christmas* hat davon vor nicht allzu langer Zeit berichtet.

An Weihnachten 1914 verlassen Soldaten, die Monate lang aufeinander geschossen haben, ihre Schützengräben. Deutsche und Franzosen. Was tun sie? Sie tauschen Tabak und Pudding, teilen Erinnerungsstücke und Heimatadressen, machen miteinander Musik und spielen Fußball. Ja, sie beerdigen sogar gemeinsam ihre Toten. Eine Sensation an der Front im Westen. Otto Hahn, damals Leutnant einer Fronteinheit, hält seinen Soldaten zwar einen Vortrag, dass ein deutscher Mann das nicht tun dürfe, schreibt aber kurz danach an seine Frau nach Hause: „Ich selbst freue mich im tiefsten Innern über diesen Frieden."

Ein Wunder im Schützengraben. Ist da nicht auch Hoffnung für Israel und Palästina, den Sudan und Syrien? Ich kann es und will es nicht aufgeben, liebe Schwestern und Brüder, ich will weiter darauf hoffen und dafür beten. Wenn Männer zusammen mit ihren (verordneten) Feinden spontan eine Stunde oder eine Nacht Schluss mit Krieg machen, wenn das vor 100 Jahren in einem autoritären System möglich war, dann sollte es doch auch heute gelingen. Mit Gottes Hilfe, der ein Gott des Friedens ist und der Güte und der Barmherzigkeit und zu dir sagt: „Du sollst satt werden. Von mir bekommst du alles, was du brauchst." Amen.

8. Sonntag nach Trinitatis (Jesaja 2,2-5):[23] Study war no more

Haben Sie noch Träume, liebe Gemeinde? Haben Sie noch Visionen für sich und für unsere Welt? Oder gehören Sie zu denen, die sagen: Ach nee, das Träumen überlasse ich den Poeten und Propheten, den Philosophen und den Philanthropen, den Verliebten und Verlobten, den Kindern und Künstlern. Oder sagen Sie: Nein, ich träume noch, manchmal sogar am hellen Tag. Und das sehr gerne.

I have a dream. Hat vor fast 50 Jahren ein großer Protestant gesagt.

Überlegen Sie mal, schauen Sie in sich rein. Wie könnte ein solcher Traum aussehen?

Wenn Sie möchten, dann teilen Sie doch Ihrem Nachbarn oder Ihrer Nachbarin kurz Ihren Traum mit.

Kurze Murmelphase

1. Noch Träume?
Leider können wir jetzt nicht alle Ideen einsammeln: Ist es der Traum von einem besseren Arbeitsplatz, von neuem familiären Glück? Oder haben Sie sich gerade die Verlockungen einer Weltreise ausgemalt? Oder träumen Sie schlicht von einer gerechteren, menschenfreundlicheren Welt?

Ich erinnere mich an meine Zeit im Gymnasium, Anfang und Mitte der Achtziger: Da hatte folgender Satz Hochkonjunktur:

Stell dir vor, es ist Krieg...

Stell dir mal vor, es ist wirklich Krieg mit allem, was dazu gehört: Raketen- und Geschützfeuer und Sirenen und Luftschutzkeller... Schrecklich....

Stell dir vor: Es ist Krieg, und keiner geht hin...

Summen: We shall overcome

Stell dir vor es ist Friede, ...

Stell dir mal vor, es ist wirklich Friede mit allem, was dazu gehört. Das Wort *Krieg i*st ein Fremdwort. Es ist so unbekannt, dass man gar nicht

---
[23] St. Michael Hildesheim 2011.

mehr weiß, was das ist: Was ist denn bitteschön ein Unteroffizier, ein Truppenübungsplatz, ein Tornado, ein ABC-Alarm, ein...

Stell dir mal vor, es ist Friede und alle sind dabei.

Von dieser Vision berichtet der Prophet Jesaja im 2. Kapitel:

Text Jesaja 2,2-5

Welch ein Traum! Er hat sich über Generationen der Menschheitsgeschichte gehalten: der Traum, dass alle Waffen abgeschafft und zu Friedenswerkzeugen umgearbeitet werden. *Kanonen zu Kirchenglocken* oder– so lautete besonders in der Friedensbewegung der 80er-Jahre die Devise - *Schwerter zu Pflugscharen*.

Sogar der sowjetrussische Diktator Josef Stalin scheint diesen Traum geträumt zu haben, als er nach dem zweiten Weltkrieg den Vereinten Nationen in New York ein Denkmal schenkte, das genau dieses Motiv aufnimmt:

Man sieht dort einen muskulösen Werktätigen mit einer Pflugschar, die aus einer Waffe umgeschmiedet worden ist. War das auch des grausamen Josef Stalins innerste Sehnsucht? Treffen sich in diesem Bild die jüdisch-christliche und die kommunistische Zukunftshoffnung? Oder ist dieses Geschenk der atheistischen Sowjetunion an die Völker eine Provokation, eine –wörtlich Übersetzung – Herausforderung, Herausrufung.

Ich lade sie ein, den Text nochmals zu singen, den wir eben gehört haben.

Gemeinsames Lied: *Es wird sein in den letzten Tagen* (EG 426,1)

2. Ein Traum in vier Bildern

Hier hat einer eine Vision, liebe Gemeinde, eine klare, von Gott eingegebene Vorstellung, wie es einmal *sein wird in den letzten Tagen*. Es **wird** so sein, ruft er uns zu, es besteht kein Zweifel, dass es so kommen wird. Er sagt nicht vorsichtig: Es wäre doch so schön, wenn wir uns alle ein bisschen mehr Wärme und Freundlichkeit entgegenbrächten.... Er plädiert auch nicht für ein kuscheliges Kirchenklima: Ach seid doch ein bisschen nett und rücksichtsvoll zueinander.

Nicht der Wunschsatz, nicht der Appell steht zu Beginn: sondern eine *kraftvolle Ansage: So wird es sein.* Und weil es einmal so sein wird und große Ereignisse ihre Schatten - nein besser ihr Licht! – vorauswerfen, darum dürft ihr schon jetzt ihre Vorzeichen erkennen und euch daran orientieren.

Da redet Einer nicht von sich, sondern aus weiser göttlicher Voraussicht und gibt uns Anteil daran. Wir werden gleichsam zu Mitwissern eines innergöttlichen Perspektivausschusses. Und der Prophet ist so eine Art Regierungssprecher.

Vier Bilder sind es, die uns der Prophet vor Augen malt.

2A. Der Berg (We shall overcome *one day*)

Das erste Bild: Ein Berg. Ich weiß nicht, ob Sie im Urlaub lieber in die Berge oder ans Meer fahren, also eher alpin oder maritim veranlagt sind. Aber hohe Berge haben selbst für notorische Nichtwanderer immer eine Faszination ausgeübt und die Religionen der Völker beeinflusst..., so auch im alten Orient.

Und dann treffen Mythos und Vision, das Althergebrachte und Immer-Geglaubte auf das Neue...

Es wird der Berg, da des Herrn Haus ist, fest stehen und höher als alle Berge sein.

Vom Berg Zion, dem Berg auf dem einmal der Tempel Salomos stand und sich heute zwei Moscheen befinden, und der gerade mal 800m über dem Meeresspiegel, behauptet der Prophet allen Ernstes, das sei die höchste Erhebung der Welt.. Klar, hier geht es um ein Bild, um eine geistliche Höhe, um eine göttliche Vermessung, denn schon der Ölberg in Jerusalem ist höher als der Zion. In Ps 48 heißt es:

Schön ragt empor der Berg Zion, daran freut sich die ganze Welt.

Warum ist dieser Berg als besonders hoch qualifiziert? Warum geht von ihm Freude und Weisung für die Völker aus? Was wohnt hier für ein Gott? *Erstaunlicherweise nicht der Exklusivgott Israels, nicht der Gott des heiligen Krieges, sondern der Gott des heiligen Friedens, der heiligen Kriegszerstörung.* In Ps 46 wird er so besungen:

Kommt her und schaut die Werke des Herrn (Adonais),

der Bogen zerbricht und Spieße zerschlägt

und Wagen mit Feuer verbrennt.

Das, liebe Mitchristen, ist der Mittelpunkt der Vision: Gott und der heilige Berg. Kein militanter Zionismus, sondern pazifistische Zionstheologie.

Gemeindelied: We shall overcome one day, Str. 1

2B. Die Wallfahrt (*Black and white together*)

Wenn wir von einer Wallfahrt reden, dann denken wir möglicherweise an katholische Pilgerreisen nach Lourdes oder nach Rom, womöglich mit Heilungserwartungen oder gar dem Erwerb eines Ablasses. Vielleicht – im aktuellen spirituellen protestantischen Mainstream – auch an einen Pilgerweg von Loccum nach Volkenroda…. Andere mögen durch Hape Kerkelings *Ich bin dann mal weg* eingestimmt sein….

Aber bei aller Sympathie für diese Formen der Frömmigkeit, worum es hier geht, ist etwas Anderes. Hier geht es um eine Völkerwanderung, wie sie die Welt noch nicht gesehen hat:

Menschen verschiedenster Rassen und Kulturen brechen auf. Sie setzen sich in Bewegung und lassen fast alles hinter sich. Sie laufen los zu diesem wunderbaren Berg, um dem lebendigen Gott selbst zu begegnen. Es sind Amerikaner und Araber, Muslime und Hindus, Palästinenser und Juden, Katholikinnen und Protestanten, Fromme und Atheisten, Kommunisten und Kapitalisten: Alle pilgern sie nach Jerusalem, um dort Weisung zu bekommen für ihr Leben. Sie führen nicht unterwegs noch einmal kurz einen kleinen Bürgerkrieg oder unternehmen einen Kreuzzug. Nein, sie schauen sich an und fassen sich gegenseitig bei der Hand und rufen einander zu: *Kommt, lasst uns hinaufgehen zum Berg Gottes und zu seinem Haus! Er soll uns seine Wege lehren.*

Weiße und Schwarze, Arme und Reiche, Männer und Frauen ziehen los mit *einer* großen Hoffnung im Herzen: *Endlich Frieden. Endlich Schalom. Endlich Gerechtigkeit.*

Sie fragen nicht nach einem Vertrag, zweifeln nicht an einer gültigen Rechtsgrundlage. Das Ganze geht gänzlich ohne langwierige Verhandlungen. Die martialische Rede von der Achse des Bösen ist ebenso vergessen wie die fundamentalistische Lehre vom Dschihad, vom heiligen Krieg wider die Feinde Gottes, der einem einen Platz im Himmel gewiss macht.

Das Überraschende dabei ist freilich: Solche Aufbrüche gibt es bereits! Sie sind zunächst vielleicht zaghaft, beginnen im Kleinen, nicht mit großer Presse, Pauken und Trompeten. Aber dann werden sie bisweilen umso lauter: Damals Ende der 60er Jahre, als Farbige und Weiße in den USA sich aufgemacht haben und die Rassengesetze der Mächtigen durchbrachen oder als vor wenigen Jahren auch in Südafrika jahrzehntelange Apartheid ein Ende fand. In jenen Tagen wurde gesungen, und die Musik, das Herzen und Hände verbindende Lied hatte seine Macht:

Gemeinsames Lied: *We shall overcome, Strophen: We walk hand in hand. Black and white together. (gemeinsam)*

2C. Schwerter zu Pflugscharen

Betrachten wir das dritte Bild:

Weil diese Menschen eine neue Perspektive, eine neue Richtung für ihr Leben haben, tun sie Dinge, die noch vor kurzem ziemlich *verrückt* gewesen wären: Sie machen die Gegenstände, die bisher zu ihrem Schutz dienen sollten, aber natürlich auch dazu geeignet waren, andere Menschen zu töten, zu Werkzeugen des Friedens. Mord- und Machtinstrumente, vielleicht teuer erworben, werden kurzerhand zu landwirtschaftlichen Geräten umfunktioniert, weil klar ist: Wir sind gemeinsam auf dem Weg. Wir brauchen das nicht mehr. Die Utopie wird Realität, Grenzen *ver-rückt*, Welt verwandelt. Auch solche Bewegungen hat es schon in der Geschichte gegeben: Aus Kanonen wurden Kirchenglocken gegossen, aus Bleikugeln Orgelpfeifen hergestellt.

Am Ende des Kosovo-Krieges Ende 2001 haben sich mir folgende Bilder eingeprägt: Junge Partisanen mit harten Gesichtern, noch gezeichnet von Entbehrungen und Schrecken des Krieges, geben ihre Gewehre ab und werfen sie auf einen großen Haufen. Sie können plötzlich auf das, was ihnen Selbstbestätigung, Macht und Sicherheit gab, verzichten. Panzer und Kriegsfahrzeuge bauen sie um zu Traktoren und Mähdreschern.

2D. Ende der Kriegskunst

Auch das, liebe Mitchristen, ist eine kühne Vision. Wo sich Menschen gemeinsam auf den Weg machen zum Frieden, wo sie ihre Waffen abgeben und einem gemeinschaftsdienlichen Zweck zuführen, da verzichten sie nicht nur auf das Rasseln der Säbel und das Klirren der Waffen, sondern auch auf die schiere Möglichkeit dazu. Der göttliche Perspektivausschuss beschließt die Schließung von Militärakademien.

Kriegstechnik, Kriegslogistik, Kriegsminister, Kriegstreiber all das soll es nicht mehr geben. *We will study war no more*, heißt es prägnant in einem Spiritual. Der jüdische Philosoph Pinchas Lapide hat treffend von Entfeindung gesprochen.

Auch hier ein Blick in unsere jüngere Geschichte: *Mahatma Gandhi* hat das vor 50 Jahren in Indien versucht und mit vielen Mitstreitern bis zum bitteren Ende durchgekämpft. Gut, Indien baut heute Atomwaffen, zugegeben. Und doch ist Gandhis Einsatz ein Beweis dafür, dass selbst dieser letzte Gedanke des Propheten nicht reine Zukunftsmusik ist. Friedensarbeit ist hart, aber nicht unmöglich, liebe Gemeinde, kein „Ponyhof", sondern „Feldarbeit". Der spitze Pflug und die scharfe Sichel erinnern daran...

Gemeinsames Lied *We shall overcome*, Str. 7

3. Gott träumt uns, träumen wir mit?

In mancher und manchem von Ihnen wird sich jetzt wahrscheinlich Widerstand regen: „Das, was der Prophet da ankündigt, ist vielleicht ganz schön. Aber ist das nicht schrecklich realitätsfern? Auch das, was du, lieber Prediger erzählst, sind doch fromme Illusionen. Mahatma Gandhi hin und Martin Luther-King her: Warum kann man in London oder Madrid nicht ohne Angst in die U-Bahn einsteigen? Warum ist die kriegerische Auseinandersetzung im Irak nicht längst vorbei und die Gewalt beendet?"

Hören wir noch einmal auf Jesaja. Er schließt seine grandiose Vision, seinen großartigen Höhenflug in die Vogelperspektive Gottes gerade nicht mit einem resignativen: *Was soll's. Wir leben halt noch im irdischen*

Jammertal. Wir müssen uns eben mit der bösen Welt abfinden und werden dafür einst reich belohnt werden!

„Nein, so nicht!" ruft der Prophet: *Kommt, lasst uns wandeln im Licht Gottes!*

Ihr sollt nicht nur ferne, distanzierte Betrachter dieser Vision sein, sondern selbst darin vorkommen! Das ist kein Film, der an euch unbeteiligt vorbeirauscht. Ihr seid Mitspieler in diesem brisanten Streifen! Und Er, der Herr, Jahwe, Adonai ist der Regisseur! Das Licht, die Hoffnungsbilder, die von IHM und seinem Berg ausgehen, sollt ihr hinaustragen in die Welt.

Das ist die *geist-reiche* Schlusspointe des Textes! Jesaja ruft: *Auf, ihr Menschen, katholisch oder evangelisch, Muslime oder Hindus, Fromme oder Skeptiker, Gott kommt euch von seinem heiligen Berg entgegen, also eilt auch ihr zu ihm und nehmt mit, wen ihr könnt.*

Die große Vision von der Völkerwallfahrt schafft schon jetzt neue Formen des Schalom, sie gewinnen im Licht Gottes Kontur. Ich möchte es so sagen: Gott bräuchte uns nicht, aber er braucht uns, liebe Mitchristen! Er will Frieden und Gerechtigkeit für diese Welt nicht ohne uns erreichen. Er möchte Menschen, die sich aufmachen und aufeinander zugehen und sich zurufen: „Machst du mit? Wir wollen auf Gott hören und seinen Willen tun!" So werden Visionen wahr! Zunächst im Kleinen, in aller Bescheidenheit, dann aber doch auch im Großen.

Ich denke an die Schulklasse, die für einen Sechsjährigen in Bolivien eine Patenschaft übernimmt, an die Mitarbeiterin im Asylkreis, die die Asylbewerberin mit zur Entbindung begleitet oder an die Jugendgruppe, die sich nach der Schlägerei im Jugendheim entschließt, an einem Training gewaltfreier Konfliktregelung teilzunehmen.

Wenn ich an meine Kraft und an meine Einsicht denke, könnte ich hier so nicht sprechen. Ich kann nur so reden, weil Gott mir und uns eine Vision gibt: *die vom hohen Gottesberg, von der großen Völkerwallfahrt, von den umgeschmiedeten Schwertern und vom Ende der Kriegskunst.*

Ich weiß, dass Gott mich nicht bräuchte, aber mich doch brauchen will, um sein Reich des Friedens schon hier und jetzt mitzubauen. Ohne seinen Plan wäre alles eine hoffnungslose Selbstaufopferung, ein aussichtsloses Unterfangen. Aber es gibt ihn den göttlichen Plan für die neue Welt:

Darum: Haben Sie noch Träume? Ich hoffe, dass Sie heute Morgen wieder Lust bekommen haben zum Träumen, den Gott selbst stifte uns dazu an: *Gott träumt uns, und wir sollten ihn nicht allein träumen lassen.*

Gott möchte, dass wir uns seinen Visionen anschließen.

Gott träumt uns, liebe Schwestern und Brüder! Lasst uns mit ihm träumen und erleben, wie seine Träume an uns und durch uns wahr werden. In einer Welt, die Gott gehört. Darauf hoffe ich. Amen.

9. Sonntag nach Trinitatis: Von Schätzen und Perlen (Matthäus 13,44-46)[24]

Einspieler: Diamonds are a girl's best friend? (Marilyn Monroe).

Dear friends!

Is that right? Do you as Marilyn adore diamonds, sisters?

And do you, brothers, like treasures, perhaps with a map and a shovel, a little bit as Robinson Crusoe?

Well, if you ask me, I like treasures, for example the Crown Jewels in London Tower, and diamonds, too. Especially on beautiful fingers or décolletés! Particularly then, when I am not forced to pay them.

But in any case. Have you ever reflected about the question of whether

it is the will of God for us to possess diamonds?

you're not sure? Why are you not sure?

Ah, I guess that might be because sharing diamonds is so difficult. Right.

This could be a problem. But that's not all. Diamonds sometimes make people unhappy. For example: you see one, fall in love with it and cannot buy it. What are you going to do then, brothers and sisters?

This is the question in the Gospel of today.

But let's listen to Matthew, Chapter 13, 44-46

44 'The kingdom of heaven is like treasure hidden in a field, which someone found and hid; then in his joy he goes and sells all that he has and buys that field.

45 'Again, the kingdom of heaven is like a merchant in search of fine pearls; ⁴⁶on finding one pearl of great value, he went and sold all that he had and bought it.

---

[24] London, Engl.-lutherische Gemeinde, St. Anne's 2005 (kurz nach den Attentaten in der Londoner U-Bahn).

What a radical message!

Jesus tells a parable about two people, who risk everything, just / to get/ to acquire [either of the second two is fine] one thing. They do not [stop] before they conquered the object of their desire.

Nothing about charity, nothing about sharing profits (income) with the poor.

Sounds selfish /egoistic, doesn't it? Isn't that just a satisfaction of luxury desires? Are we allowed to do that? Is it God's will?

Obviously yes. Because otherwise, Jesus would not have told us this parable and given us the two men as an example.

But of course, the parables are not talking about the invention of a real treasure or the acquisition of a costly pearl in a material/direct sense.

The subject is the Kingdom of God, not any Kingdom of the World.

There is a profound spiritual sense behind the motifs of the hidden treasure and the precious pearl.

What could Jesus have meant with his story?

What is the central point in the double-parable?

Maybe you think: The spiritual treasure of the Kingdom of Heaven is eternal life, and that's what I want to possess.

Not bad, I would say. But it's dangerous to proclaim that.

In the 16th century, in the period of reformation (of Martin Luther) they compared the Kingdom of Heaven with a treasure of acts of kindness (good works), administrated and possessed by the Church. They thought that the good acts of those who live here and now (ecclesia militans) could be effective for those who are already deceased (ecclesia triumphans).

This was the principle of indulgences.

Maybe you have seen the Hollywood-film about Martin Luther two years ago: there is a strong scene with Johann Tetzel, Father of the Dominicans. „Die Münze in dem Kasten klingt, die Seele aus dem Fegefeuer springt." ("The sound of the coin in the box makes the soul jump out from Purgatory.")

If that was right, the kingdom of God/ heaven would be something like a bank account, administrated and distributed by the Church. And if you are baptized and belong to the Church you get something like a Credit Card – the Sacrament of penance - and get the money from it: forgiveness and eternal life. I am sure that this is wrong, theologically absolutely impossible.

Why? Because forgiveness and eternal life, living in the glory of God is not an object, people cannot rule over it (verfügen) nor buy it. you can just receive it as a gift, as a present.

The problem was that they mixed up/ threw together the symbolic/story-part of our parable with the spiritual part/ sense (wanted to possess it) [perhaps make clear who 'they' are – the Catholic hierarchy or whatever]

So what could be the correct sense? What do you imagine? Is it the treasure of truth? Is it the golden ring of love? Is it the diamond of wisdom or the jewel of joy?

Mentioning all these things together the Kingdom of God would really be a wonderful treasure, a chain of shining diamonds. And it would be worth, doing a lot (in order) to get it.

But can you acquire/ love or truth or wisdom or joy? And put it in your pocket be happy and say: oh yes, it's wonderful: I got it. Now I possess truth, now I am wise, finally I am able to live or: oh wonderful now I am happy?

I guess that this is not the way to understand the real sense of the parable. I mean that the crucial point is different. It is not the object of desire, but the desire itself, the attitude, the excitement and the effort of the two friends in our story, which are decisive.

So what is the message? I will try to say it in one sentence.

In the Kingdom of God we need people who risk a lot, to receive all, people who put all their eggs in one basket [wonderful phrase!]

Im Reich Gottes braucht es Menschen, die vieles wagen (*und alles auf eine Karte setzen*), um alles zu gewinnen.

Dietrich Bonhoeffer created the distinction of the last things and the things next to the Last. (*letzte und vorletzte Dinge*)

Possibly it's this distinction which can make us free to act like the two men in our story, and not to chase all the offerings of advertising and commerce in our money- and beauty-orientated society.

Those who have the last things in their mind and in their heart, I mean the Kingdom of God on their inner "screen" , those who have the "rush of eternity" in their soul (like an idée fixe),cannot act in another way than other people [?]. They give up the "things next to the last", risk a lot in order to get all.

If you watch the two people from the position of a neutral observer, they act silly. The poor (agricultural) labourer spends all his savings to get the treasure.

And the rich merchant man sells his prosperous factory to buy the pearl.

Their sacrifice is immense/ huge. It is almost ridiculous from our point of view. But – and this is really surprising – the two people become happy, or better: they are blessed.

In the Sermon on the Mount Jesus says:

[33]But strive first for the kingdom of God⁻ and his⁻ righteousness, and all these things will be given to you as well.

How do we imagine that working in our lives?

Two examples:

I know a young man who was an excellent pupil. Daniel is his name. He did his exams as one of the best in his school. His parents and his teachers advised him to study medicine or something like that. But he refused, he went on a bible school and then to a small community in Romania.

He married a wonderful wife, is happy and blessed there, although his work is hard and their life is full of privation.

A woman who has worked her whole life, had four children and eleven grandchildren asks me:

Where do you imagine my place could be? I want to give up my house and live together with brothers and sisters and be a worker in the Kingdom of God.

My vision is to help women in crises or accompany people who are dying. You could add more examples, which could be even less spectacular, of course.

But the main point is: If you risk losing something, God will give you much more than the so called sacrifice. If you burn for him and the rush of eternity comes over you, God's dreams will come true in your life, not only then (in heaven), but already here and now.

I wish that you would find your treasure and discover your pearl.

And I am sure that God will open your eyes for the diamonds of true life.

Amen.

12. Sonntag nach Trinitatis (Apostelgeschichte 9):[25] Vom Saulus zum Paulus!?

Epistel: Apg. 9, 1-19 in inszenierter Lesung des Predigttextes

Erzählerin: Saulus aber schnaubte mit Drohen und Morden wider die Jünger des Herrn und ging zum Hohenpriester und bat ihn um Briefe nach Damaskus an die Synagogen. Er wollte, wenn er Männer und Frauen als Anhänger der neuen Lehre entlarven könnte, sie gebunden nach Jerusalem führen. Als er aber auf dem Weg war und nahe an Damaskus kam, umleuchtete ihn plötzlich ein Licht vom Himmel und er fiel auf die Erde und hörte eine Stimme:

Jesus: Saul, Saul, was verfolgst du mich?

Erzählerin: Saulus aber antwortete:

Saulus: Wer bist du?

Jesus: Ich bin Jesus, den du verfolgst. Stehe auf und gehe in die Stadt, da wird man dir sagen, was du tun sollst.

Erzählerin: Seine Gefährten aber standen wie erstarrt, denn sie hörten die Stimme, aber sahen niemand. Saulus aber richtete sich auf von der Erde und als er seine Augen auftat, sah er nichts. Da nahmen sie ihn bei der Hand und führten ihn nach Damaskus und er konnte drei Tage nichts sehen, aß nicht und trank nicht.

Es war aber ein Jünger mit Namen Ananias zu Damaskus. Zu dem sprach Jesus in einem Traum:

Jesus: Stehe auf und gehe hin die Gasse, die das heißt die gerade und frage nach einem Mann namens Saul von Tarsus. Lege ihm die Hand auf, dass er wieder sehend werde. Denn dieser ist mir ein auserwähltes Werkzeug. Er soll meinen Namen vor die Völker und vor Könige und vor das Volk Israel tragen! Ich will ihm zeigen, wie viel er leiden muss um meines Namens willen.

Erzählerin: Und Ananias ging hin und kam in das Haus und legte die Hände auf ihn und sprach:

Ananias: Lieber Bruder Saul, der Herr hat mich gesandt, Jesus, der dir erschienen ist auf dem Wege, den du gekommen bist. Du sollst wieder sehend und mit dem Heiligen Geist erfüllt werden.

Erzählerin: Da fiel es wie Schuppen von seinen Augen. Und er wurde wieder sehend und stand auf, ließ sich taufen, nahm Speise zu sich und stärkte sich. Er blieb aber eine Zeitlang bei den Jüngern in Damaskus.

---

[25] Predigt zur Eröffnung des Michaelisklosters, 20.9. 2004.

Predigt

Vom Saulus zum Paulus ist er geworden. So, liebe Gemeinde, lautet ein Sprichwort, das auf jenes Erlebnis gemünzt ist, das wir gerade gehört haben. Das Damaskuserlebnis, die Wende im Leben des Apostels. Vielleicht wäre manch Einer oder Eine von uns froh, ein derartiges Bekehrungserlebnis von sich berichten zu können, eine Begegnung mit dem Auferstandenen selbst durch ein helles Licht und eine Stimme vom Himmel. Das ist ja beinahe Stoff für einen Film.

Für Saulus war sie zunächst alles andere als erfreulich, diese Begegnung. Denn sie ließ ihn an Gott zweifeln und an sich selbst schier verzweifeln, und das zusammen ist das Schlimmste, was einem Menschen passieren kann.

Ich weiß nicht, wie es Ihnen heute geht, liebe Gemeinde, aber vielleicht kennen ja auch Sie Situationen, in denen Sie sich vom Pferd geworfen, vom vermeintlich so sicheren und hohen Ross in den Staub geschmissen fühlten. Und es tut verdammt weh: die Scherben einer zerbrochenen Ehe oder Partnerschaft, der Verlust einer Arbeitsstelle, die Diagnose einer unheilbaren Krankheit.... Solche Krisen können uns alle ereilen, in jedem Lebensalter.

Manchmal sind sie hausgemacht, manchmal folgen sie auf eigene Fehler, manchmal haben uns böse Menschen übel mitgespielt. Oft bricht dabei die Frage auf, welche Rolle denn Gott hier spielt, ja ob er selbst uns eine solche Krise zumutet. Dieser Frage möchte ich nachgehen und die Krise des Saulus, in einer doppelten Perspektive mit Ihnen betrachten. Was ist das für ein Mensch, der da im Dreck liegt und nicht mehr aus noch ein weiß? Und was ist das für ein Gott, der sich ihm in den Weg stellt?

Schauen wir zunächst auf Saulus.

Saulus stammt aus dem kleinasiatischen Tarsus in Zilizien. Seine Eltern waren fromme Juden aus dem Stamme Benjamin, daher bekam er wohl den jüdischen Namen Saul (Schaul), was so viel heißt wie der „Erbetene". Der römische Name Paulus, der Kleine, könnte ein Hinweis auf geringe Körpergröße sein. Ihn hat er wohl als römischer Bürger auch schon damals geführt. Er war gescheit und eifrig, in seinem Elternhaus und Umfeld redete man Griechisch.

Dann kam er nach Jerusalem und wurde dort beim weisen Rabbi Gamaliel zum Theologen, zum Schriftgelehrten ausgebildet. Er hielt sich zur Gruppe der Pharisäer, die es besonders mit dem Lebenswandel nach dem Gesetz sehr ernst nahm. Er hatte sich nicht nur in geistigen, sondern auch in moralischen Fragen ausgezeichnet erprobt, er war unbescholten und lebte streng nach den 613 Geboten der Thora.

In Jerusalem bekam er Kontakt zur christlichen Gemeinde und empfand tiefe Abscheu gegenüber dieser Sekte, die einen ans Kreuz Gehenkten verehrte. Er kannte sich gut aus in der heiligen Schrift und las im 5. Buch Mose: „Verflucht ist der, der am Holz hängt!" Das war der Beweis dafür, dass die Christen buchstäblich auf dem Holzweg waren.

Es konnte gar nicht sein, dass Gott mit einem Gekreuzigten Geschichte machte. Deshalb musste man jeden Menschen vor dieser Irrlehre warnen und die Irrlehrer selbst verfolgen. Das Evangelium vom gekreuzigten Messias war für den frommen Saulus Gotteslästerung. So war er sehr zufrieden, als der Diakon Stephanus gesteinigt wurde, und deshalb brach er selbst auf nach Damaskus, um die Aktivitäten der dortigen christlichen Gemeinde mit Gewalt zu unterbinden. Sein guter Ruf bei der jüdischen Obrigkeit verlieh ihm offenbar das Recht, diese Mission offiziell durchzuführen.

War dieser Saulus ein schlechter Mensch? Ein aggressiver Tunichtgut, ein intoleranter Fanatiker? Ich weiß es nicht, liebe Gemeinde. Fast scheint es so. Er war jedenfalls ein Mensch, der prinzipientreu versuchte, seinen Glauben zu leben und der Irrlehre zu wehren. Dazu war ihm fast jedes Mittel recht. Deshalb macht er sich auch auf den Weg nach Damaskus.

Doch dann kommt alles anders. Unterwegs trifft ihn ein Lichtstrahl vom Himmel, der ihn buchstäblich vom hohen Ross wirft. Ihm begegnet der auferstandene Christus und sagt ihm: *„Ich bin Jesus, den du verfolgst."* Kein tröstliches „Fürchte dich nicht!" Kein aufmunterndes „Ich bin für dich da!". Nein, viel bedrohlicher: *Ich habe dich eingeholt, Saulus, denn mir gehört alle Macht im Himmel und auf Erden, du wirst mir nicht mehr widerstehen.*

Dieses Wort trifft Saulus ins Mark. Er fühlt sich unendlich schwach und merkt, dass er offensichtlich auf dem Holzweg war: der ans Holz Gehenkte hat ihn überwältigt.

Hier beginnt die Krise des Paulus, liebe Gemeinde, eine Krise, die den selbst- und gottessicheren Fanatiker an den Rand des Todes bringt. Beinahe ohnmächtig und blind ist er nach dieser Begegnung, man muss ihn wie ein kleines Kind in die Stadt führen, er hört auf zu essen und zu trinken. Er fühlt sich gedemütigt und hilflos und weiß nicht, wie das Leben weitergehen soll. Sein Glaube, seine ganze Theologie, seine Moral, seine Lebensziele, ja seine persönliche Identität: alles ist im Eimer, alles zerschlagen.

Über all seine unerfüllten Sehnsüchte, die fehlende Liebe und die schreckliche Kälte in seinem Leben kann sich der Pharisäer Saulus von Tarsus nun nicht mehr hinweg täuschen. Das tut weh. Kennen Sie das auch? Ich kann mir vorstellen, dass auch Sie schon vor einem solchen Nullpunkt gestanden sind.

Darf Gott so sein, liebe Gemeinde? Darf der liebende und barmherzige Vater das einem Menschen antun, ihn so in den Dreck werfen? Ihm jedes Selbstbewusstsein nehmen?

Ja, manchmal mutet uns der heilige und ewige Gott ganz schön viel zu. „Ich bin Jesus, den du verfolgst!" Das klingt erschreckend. Und doch folgt daraus kein vernichtendes Todesurteil. Im Gegenteil. Überraschenderweise will Jesus gerade mit diesem Menschen noch etwas anfangen. Etwas ganz Neues.

Deshalb endet die Geschichte hier auch nicht. Gott sei Dank geht sie weiter, sie führt aus dem Dunkel wieder ins Licht, aus tödlicher Verzweiflung zurück ins Leben: Ein Engel erscheint Paulus, keiner mit Flügeln, keine Lichtgestalt aus einer anderen Welt, sondern ein Mensch wie du und ich. Einer, der weiche Knie bekommt, als er dem radikalen Eiferer Paulus begegnet. Dieser Engel hat ein Gesicht, zwei Hände und Füße und einen Namen: Ananias heißt er. Und als er Paulus anredet, stammelt er: „Lieber Bruder Saul!"

Welch eine Begegnung! Da redet einer Paulus liebevoll an und legt ihm seine zitternden Hände auf. Da wird einer zum Werkzeug des Geistes Gottes, obwohl er selbst schwach und ängstlich ist.

Dieser Moment bewegt mich, liebe Gemeinde. Ich erkenne daran: Aus eigener Kraft kann ich nicht heil werden, ich brauche in solchen Stunden der Krise einen Bruder oder eine Schwester, durch die Gott zu mir reden und sein Werk tun kann. Gottes Geist wirkt leiblich, durch Fleisch und Blut, körperlich und sinnlich durch zitternde Hände und stammelnde Worte.

Das eigentliche Damaskus-Erlebnis, das findet jetzt erst statt. In der Begegnung mit Ananias wird für Saulus deutlich: Dieser Jesus ist nicht eigentlich der schreckliche Richter, kein Big Brother, der uns nur beobachtet und anklagt, sondern ein menschenfreundlicher Retter. In dieser leisen und doch äußerst wirksamen Begegnung kommt Jesus Christus bei Paulus an. Nicht unmittelbar, senkrecht von oben, sondern durch einen Menschen hindurch.

Was geschieht mit Paulus, liebe Gemeinde? Paulus erlebt nach drei Tagen tödlicher Krise seine geistliche Auferstehung. Nach mehrtägiger Blindheit kann er wieder sehen. Er erkennt Licht am Ende des Tunnels. Paulus erfährt Heilung des Leibes. Doch damit nicht genug. Dann bekommt er ein Essen, Stärkung nach mehrtägigem Fasten. Wir sollten diese Seite nicht gering schätzen. Paulus, der den Diakon Stephanus beseitigen half, erfährt diakonische Zuwendung durch die christliche Gemeinde.

Die eigentliche Wende, die Berufung des Paulus, sie folgt erst jetzt. Der einst so stolze Pharisäer lässt sich taufen, er vertraut sein Leben Jesus Christus an. Sein Name steht nunmehr mit diesem Namen in engstem Zusammenhang. In der Taufe bekennt er: Kyrios Jesus. Mein Herr ist Jesus. Und er hört die Zusage des Dreieinigen: Fürchte dich nicht, ich habe dich erlöst, ich habe dich bei deinem Namen gerufen du bist mein.

Mit der Taufe des Paulus, liebe Gemeinde, beginnt „der größte Knüller der frühen Missionsgeschichte" Wirklichkeit zu werden. Der fanatische Feind der Christen wird verwandelt zum Missionar der Heiden und wichtigsten Werkzeug Gottes zur Verbreitung des Evangeliums.

War die Krise des Paulus also genauso schnell zu Ende, wie sie begonnen hatte? Nein, offensichtlich nicht. Auch eine 180°-Wende braucht Zeit. „Saulus war eine Zeitlang bei den Jüngern in Damaskus", berichtet Lukas nüchtern. Und Paulus schreibt später an die Galater, dass er nach den Tagen in Damaskus in die arabische Wüste gegangen ist, um dort seines Auftrags gewiss zu werden. Das tröstet mich. Gott schenkt uns Zeit, das Neue zu verarbeiten und anzueignen. Täler müssen auch durchlitten und durchschritten werden.

Paulus wird vor und in Damaskus zweimal überwältigt: Der heilige, zurechtbringende Gott stürzt ihn vom hohen Ross in eine fundamentale Krise. Der menschenfreundliche, gnädige Gott wendet sich ihm wieder zu durch die Handauflegung und die tröstlichen Worte eines schwachen Menschen. Paulus hat diese zweifache Erfahrung später in einer Zusage zusammengefasst, die wir heute Morgen einfach so schlicht mitnehmen und auch weitergeben dürfen.

Lass dir an meiner Gnade genügen, denn meine Kraft ist in den Schwachen mächtig. Diese Zusage trägt, damals, heute und an jedem neuen Tag. Darauf hoffe ich. Amen.

14. Sonntag nach Trinitatis (1. Mose 28,10-22)[26]: Von Gotteshäusern und Himmelstreppen

I Magische Momente an heiligen Orten?

Erst wenige Monate ist es her, liebe Gemeinde, da hatte ich das Glück, einen der größten Schauplätze menschlicher Kultur zu besuchen. Früh morgens – gleich nach Sonnenaufgang -schreiten wir über eine 2500 m lange kerzengerade Allee, gesäumt von 365 Sphingen zur Rechten und zur Linken. So erreichen wir den Eingang eines ehrwürdigen Tempels, der Amun, dem Hauptgott des alten Theben, geweiht ist. Ein dichter Wald von beinahe 50 m hohen Säulen tut sich vor uns auf. Ein faszinierendes Farbenspiel von gleißendem Licht und mystischem Dunkel. Dann treten wir hinaus an einen strahlend blauen heiligen See, auf dem der Gott einmal im Jahr in einer Barke eingezogen sein soll.

Staunend, beinahe sprachlos stehen wir vor diesem Wunderwerk der Religionsgeschichte. Weltkulturerbe... wie die Michaeliskirche in Hildesheim oder der Kölner Dom. Auf dem Rückweg kommen wir an einem eher unscheinbaren Gebäude im modernen Luxor vorbei. In englischer Sprache steht ein Bibelvers an der Wand: „How awesome is this place. This is none other than the house of God!" – Wie ehrfurcterregend – so könnte man übersetzen – ist dieser Ort...Hier ist nichts anderes als das Haus Gottes. Eine unscheinbare Kirche... Kann auch sie solch einen Schauer vermitteln? Allein durch das Wort, das darin verkündigt wird??

Gibt es das heute überhaupt noch: heilige Orte? Plätze an denen Gott uns näher ist, als anderswo? Wallfahrtsorte wie Lourdes und Fatima? Pilgerorte wie Santiago oder Jerusalem? Und dort eher die Klagemauer oder der erhabene Ölberg? Ein erfolgreicher Entertainer schrieb vor einiger Zeit ein Buch mit dem Titel: Ich bin dann mal weg. Er machte sich auf Pilgerreise, an einen heiligen Ort...

Ich lade sie ein zu einer kleinen Fantasiereise... Wann haben Sie zum letzten Mal einen heiligen Moment erlebt? Den Atem angehalten.... Herzklopfen bekommen, Gänsehaut gespürt und gemerkt: *Ja, jetzt, hier spüre ich etwas, das ist ganz anders. Auf wunderbare Weise nahe ist er mir...*

---
[26] Hildesheim, St Michael 2013.

War es: Ein erhebender Sonnenaufgang im Gebirge? Das erste Licht, die ersten Sonnenstrahlen durchfluten das Tal? Die Bergspitzen glühen noch!

Oder das wunderbare Rauschen des Meeres? Ein Spaziergang durch den Sand, entlang den Wellen in großer Einsamkeit? Oder vielleicht eine Nachtstunde? Über Ihnen der wunderbare Sternenhimmel, unzählbar viele davon? Sind wir dann Gott näher?

Hören wir 1. Mose 28 in kleinen Abschnitten gelesen und ausgelegt.

II Nächtliche Flucht

Frauenstimme liest: Aber Jakob zog aus von Beerseba und machte sich auf den Weg nach Haran. Und er kam an eine Stätte, da blieb er über Nacht, denn die Sonne war untergegangen.

Wenn es dunkel wird, liebe Gemeinde, dann werden die Schatten länger. Dann pocht das Herz schneller, dann wird einem bange vor der Finsternis, bange vor der Nacht. Besonders dann, wenn wir Dinge mit uns herumtragen, die nicht geklärt, die nicht ausgesprochen sind. Böse Worte, Intrigen, vielleicht sogar ein Betrug. Wie bei Jakob. Suppe gegen Segen. Ihr wisst schon.

Zwei Wochen ist er jetzt weg von zuhause. Wie eine Ewigkeit kommt ihm das vor. Niemand wartet abends auf ihn, stellt ihm ein Essen hin. Nicht einmal Tiere gibt es an diesem Ort, geschweige denn Zelte. Nur Steine. In wenigen Augenblicken ist es stockfinster.

Und er nahm einen Stein von der Stätte und legte ihn zu seinen Häupten und legte sich an der Stätte schlafen.

Der kleine Bruder des Todes ist der Schlaf. Jakob ist ihm ausgeliefert. Noch klingt in ihm die Stimme der Mutter: „Esau, dein Bruder droht dir, dass er dich umbringen will. Deshalb mach dich auf und flieh." Ja, die Geschichte treibt ihn um. Vater und Bruder zu betrügen, auf den Rat der Mutter hin, ob das richtig war? Vielleicht hat sie ihm das Leben gerettet. Vielleicht hätte man mit dem Bruder aber auch alles klären können.... Ach, er weiß es nicht. Erschöpft fällt Jakob in einen tiefen Schlaf.

Und ihm träumte... Wovon träumt ein Flüchtling, liebe Gemeinde? Wovon träumen Flüchtlingskinder wohl heute in Syrien? Ich denke sie werden gehetzt und gejagt. Sie können auch noch in ihren Träumen kaum atmen in Wolken von Giftgas...Am Ende werden sie gestellt von den Häschern. Zu viel Blut haben sie schon gesehen. Schrecklich.

Vielleicht geschieht aber auch etwas anderes. Vielleicht träumen sie von einer anderen Welt. Wieder ein Dach über dem Kopf, in Sicherheit vor bösen Menschen und ihren Attacken, oder einfach nur genug zum Essen und zum Anziehen, Ruhe, Geborgenheit. Davon könnte auch Jakob träumen

Musik (instrumental, evtl. mit Anklängen an EG 165)

III Himmelstreppe

Und ihm träumte... Und siehe eine Treppe stand auf Erden, die rührte mit der Spitze an den Himmel, und siehe die Engel Gottes stiegen daran auf und nieder.

Schier unglaublich, was wir mit dem Träumer zu sehen bekommen. Eine andere Welt entsteht vor seinen, vor unseren Augen, eine *ganz andere* Welt. Und doch ist sie nicht außerhalb der Welt. Ob es eine Leiter ist oder eine Rampe oder eine Treppe, um die es hier geht? Wahrscheinlich das letztere. Wendeltreppen und Treppenhäuser, Rolltreppen und Steintreppen kommen mir in den Sinn... Stufen am Altar. Die Treppe in den hohen Chor vorbei an den Engelsschranken hier in St. Michael. Sie verbindet Hohes und Tiefes, Himmel und Erde.

Was Menschen beim Turmbau zu Babel versuchten, einen Turm zum Himmel zu errichten, und kläglich gescheitert sind, wird hier Wirklichkeit. Lautlos gleitet sie herab, berührt die Erde. Und Jakob muss nicht – wie auf der heiligen Stiege in Rom – mühsam hinaufkriechen, um Gott näher zu kommen.... Der Himmel kommt zu ihm. In erhabener Schönheit schreiten lebendige Wesen herab und wieder hinauf, nehmen seine Wünsche und Ängste mit und bringen göttliche Zeichen zurück.

Ein Bild dafür, dass es doch eine Verbindung gibt zum Jenseits? Ja mehr noch: Nicht auch ein Symbol für den Gottesdienst? Hinabsteigen und Hinaufsteigen! Schauen und Heilwerden!?

Gemeinsames Lied: *Gott ist gegenwärtig* (EG 165,1-2) gemeinsam

IV Segensversprechen

Doch es bleibt nicht beim Traumbild, das wortlos, mehrdeutig und flüchtig ist trotz seiner einzigartigen Schönheit.

Und oben stand der Herr und sprach: „Ich bin der HERR dein Gott, deines Vaters Abraham und Isaaks Gott. Das Land darauf du liegst, will ich dir und deinen Nachkommen geben. Und dein Geschlecht soll werden wie der Staub auf Erden Und du sollst ausgebreitet werden gen Westen und Osten, Norden und Süden. Und durch dich und deine Nachkommen sollen alle Geschlechter auf Erden gesegnet werden."

Da ist es wieder das Wunderwort des Segens. Es hat seine Geschichte mit dem Bruder und den Eltern bestimmt. Und kommt hier an ein erstes Ziel. Jakob, der kleine Betrüger, als Gesegneter und Segensträger. Wie der große Abraham. Beglaubigt und besiegelt mit dem Gottesnamen, den der Vater und der Großvater schon angerufen hat. ANI JHWH. Ich bin der HERR. Aus dem Traumbild wird so eine Offenbarung. Gott öffnet sich und sein Herz. Gott öffnet den Himmel, um sich dem Flüchtling auf dem Weg zu zeigen. Er steht selbst an der Treppe mit ausgebreiteten Händen. Dir will ich es geben, dir will ich es schenken, das Land, die Nachkommen, alles, was du brauchst. Ja mehr noch: Auf andere soll der Funke des Segens überspringen.

Und durch dich und deine Nachkommen sollen alle Geschlechter auf Erden gesegnet werden Hier, liebe Gemeinde, beginnt Gott die Geschichte mit einem Volk, mit *seinem* Volk. Sie reicht bis zu uns, über den Juden Jesus von Nazareth, aber auch bis in die jüngste Geschichte Palästinas. Israel und die Kirche haben Anteil am Segen Gottes für alle Völker. Können wir ihn weitergeben, auch jetzt in der beinahe auswegslosen Situation in Syrien?

Ich bin mit dir, ich will dich behüten, wo du auch hinziehst. Und will dich wieder herbringen in dies Land. Denn ich will dich nicht verlassen, bis ich alles getan habe, was ich dir zugesagt habe.

Morgens und abends, in Freud und Leid, ob du allein lebst oder zusammen bist mit einer großen Familie, ob du kämpfst oder Frieden hast, in Lust und Wehe bin ich bei dir, Jakob. Das, liebe Gemeinde, ist das Beste, was ihm – was uns – passieren kann. Gottes „volles Programm" für unser Leben... Jetzt sind wir gespannt auf Jakobs Reaktion:

V Resonanzräume des Glaubens

Als nun Jakob von seinem Schlaf erwachte, sprach er: Fürwahr, der HERR ist an dieser Stätte und ich habe es nicht gewusst. Und er fürchtete sich und sprach: Wie heilig ist diese Stätte! Hier ist nichts Anderes als Gottes Haus und hier ist die Pforte des Himmels."

How awesome is this place… Wenn ich diese Worte lese, ist sie wieder da die Gänsehaut. Nicht im großen ägyptischen Theben, im unscheinbaren Bethel, 20 km nördlich vom heutigen Jerusalem, ist es passiert. Keiner kannte diesen Ort bis jetzt. Jakob hat ihn entdeckt. Er merkt: Gott spricht hier zu mir. Jedes Wort behält er in seinem Herzen. Das Bild der Himmelstreppe wird ihn sein Leben lang nicht loslassen: *Siehe, das ist Gottes Haus und die Pforte des Himmels.* Hierher muss er zurückkommen. Wir hätten vielleicht Fotos gemacht… Bei Facebook würde das Erlebnis gepostet mit dem Titel *A hole in the heavens*. Doch was tut Jakob?

Und Jakob stand früh am Morgen auf und nahm den Stein, den er zu seinen Häupten gelegt hatte, und richtete ihn auf zu einem Steinmal und goss Öl darauf und nannte die Stätte Beth-El (Haus Gottes). Und er tat ein Gelübde und sprach: Wird Gott mit mir sein und mich behüten auf dem Wege, den ich reise, und mir Brot zu essen und Kleider anzuziehen und mit in Frieden wieder heim zu meinem Vater bringen, so soll der HERR mein Gott sein. Und dieser Stein, den ich aufgerichtet habe zu einem Steinmal, soll ein Gotteshaus werden; und von allem was du mir gibst, will ich dir den Zehnten geben.

Jakob richtet seinen Kopfkissenstein auf und gibt dem Stein einen Namen, salbt ihn mit Öl. Jeder, der vorbei kommt soll es sehen, riechen, spüren können: Hier ist etwas Besonderes passiert …..Ein kleines Stonehenge im alten Kanaan.

Am Ende mündet das Ganze in ein Gelübde, ein Versprechen an Gott… Heute ist die Zeit der großen Gelübde vorbei. „Heilige Anna, ich will ein Mönch werden"…. sagte Luther im Gewitter bei Stotternheim… Warum also ein Gelübde? Jakob zeigt damit Gott und uns: Heute soll es eine Zäsur geben in meinem Leben. Ich mache nicht einfach weiter im alten Trott. Gottes Wort hat mich getroffen. Ich bin gemeint.

Das Gelübde zeigt uns einen ganz anderen Jakob…. Über Nacht ist aus dem Muttersöhnchen ein selbstbewusster, gestärkter Mann geworden. Er will nicht mehr Marionette sein, Spielball in einer intriganten Familiengeschichte. Sondern selbst Verantwortung übernehmen. Aufrecht gehen. Aufgerichtet sein wie der Stein, auf dem er geschlafen hat. Fast möchte man von einer kleinen Ostererfahrung sprechen, einer *nächtlichen Verwandlung, einer Traum-Metamorphose.* Das ist für mich eine neue Entdeckung. Gottes Versprechen findet in Jakobs Versprechen Resonanz. Fast ein bisschen fordernd klingt das, wenn er sagt: *Wird Gott mit mir sein und mich behüten, dann baue ich ihm hier ein Gotteshaus und gebe ihm den Zehnten.* So ist es auch geschehen. Beth-El wird einer der großen Wallfahrtsorte im alten Israel Noch bevor in Jerusalem ein Tempel gebaut wird, entstand in Bethel ein Heiligtum. Und eine Segensspur Jakobs reicht bis zu uns nach St. Michael. Ein kühner Gedanke…. Ein Nachkomme Jakobs gibt nach dem Krieg Geld für den Wiederaufbau dieser Kirche, deren Steine zerbrochen und zerstreut waren. Das war vermutlich mehr als der zehnte Teil seines Besitzes. Wir sehen.

Auf große Träume folgen große Taten. Auf menschliche Schuld folgt Versöhnung, von Gott geschenkt. Ein Traum, der wirklich wurde.

Nehmen wir unsere Träume ernst? Suchen wir Orte der Stille, lassen wir Gott zu uns sprechen? Teilen wir den Segen, der uns in der Taufe geschenkt ist, mit anderen?

Ich finde es jedenfalls großartig, mit diesem Gott zu leben. Und ich weiß: Was auch kommt, er ist bei mir. Was auch geschieht, in Syrien oder Amerika oder bei uns im alten Europa, die Pforte zum Himmel ist offen. Und Gott steht da mit offenen Armen und wartet auf uns.

Amen.

16. Sonntag nach Trinatis (Inszenierte Predigt zu Apostelgeschichte 12,1-11): Engel der Gefangenen[27]

Kanzelgruß: Die Gnade unseres Herrn Jesus Christus sei mit euch allen!

(Ohne Anrede oder Erklärung. Die Stimme des Petrus sollte über Mikrofon aus dem Altarbereich und die des Engels von der Empore kommen.)

Engel: Petrus! Steh auf und zieh dich an! Du bist frei!

Petrus: Wie bitte? Was? Wer bist du überhaupt?

E: Petrus, steh auf! Du bist frei! Komm zu dir!

P: Das kann gar nicht sein, ich liege hier wie ein Schwerverbrecher angekettet zwischen zwei Soldaten. Von Freiheit keine Spur!

E: Petrus, steh auf, die Ketten sind weg, Du kannst gehen. In die Freiheit! Du bist begnadigt von höchster Stelle!

Liebe Gemeinde,

haben Sie sie schon erkannt, die kleine Episode aus unserem heutigen Predigttext?

Eine faszinierende Geschichte. Göttliches Licht in menschlichem Dunkel. Doch hören Sie selbst:

Textlesung Apostelgeschichte 12,1-11

(evtl. mit drei Stimmen: Erzählerin, Petrus, Engel)

I In Ketten

Liebe Frauen und Männer!

Licht und Schatten gibt es zuhauf in dieser Geschichte. Und selbst wenn die wenigsten von uns bisher ein Gefängnis von innen gesehen haben mögen, so kennen wir doch einschlägige Bilder von Gefangenen und Gefolterten aus dem Fernsehen oder aus der Zeitung.

---

[27] Internetpredigt 2012.

Da liegt also einer in Ketten, unschuldig. Ein politischer Häftling. Einer, der um seines exotischen Glaubens, um seines Bekenntnisses zu einem auferstandenen Wanderprediger willen „einsitzt", und das ohne Haftbefehl und ohne Verhandlung.

Wer steckt dahinter?

Der politische Opportunist König Herodes Agrippa I., ein persönlicher Freund des Kaisers Claudius in Rom, hat Petrus rechtzeitig zum jüdischen Passafest „einbuchten" lassen.

Und damit hat es ihn noch nicht einmal am schlimmsten erwischt. Seinen Freund Jakobus, den Bruder des Johannes und Sohn des Zebedäus, kostete es sogar den Kopf. Bei Nacht und Nebel wird er abgeführt und sein Haupt den Honoratioren von Jerusalem als eine Art „Morgengabe zum Fest" vor die Füße gelegt. Ohne Prozess, einfach so. Schaurige Zeiten für die Jünger des Auferstandenen, die ersten Pogrome sind voll im Gange. Christen geraten zwischen die Mühlsteine der Politik [und das bis heute immer wieder.]

Manches – nicht nur das Datum das Passafestes – mag uns dabei an das Leiden und Sterben Jesu erinnern. Zu Recht, liebe Gemeinde, denn diese Geschichte ist eine Passions- und Ostererzählung, wie sie auch unter uns passieren könnte.

Doch stimmt das? Ist dieses Wunder nicht unendlich weit weg von uns und unserer Wirklichkeit? Hören wir einmal weiter!

E: Auf geht's jetzt Petrus! Zieh deine Schuhe an und dein Hemd! Und vergiss deinen Mantel nicht sonst erkennen dich draußen die Schergen des Herodes!

P: Wer bist du? Wer hat dir erlaubt, zu mir herein zu kommen? Lass mich doch weiterschlafen. Mein Schicksal ist hart genug.

E: Ich habe von deiner Gefangenschaft gehört und bin beauftragt, Dich zu befreien.

P: Woher kommst du? Arbeitest du hier? Gehörst du zum Personal? Hast du überhaupt einen Schlüssel für das äußere Tor?

E: Das Tor wird offen sein. Ich handle auf Anweisung von höchster Stelle.

P: Willst Du mich verführen, etwas Unrechtes zu tun? Es ist mir nicht erlaubt, hier auszubrechen! Mein Platz ist hier im Kerker!

E: Dein Platz ist draußen in der Freiheit. Menschen warten auf dich. Gott braucht dich!

Das hört sich schon anders an, liebe Schwestern und Brüder. Da soll einer befreit werden und versteht gar nicht, was los ist; begreift gar nicht, wer wirklich die Fäden zieht; spürt gar nicht, dass Gott selbst es ist, der das Steuer in der Hand hat.

Ich bekenne, dass ich nur allzu oft ähnlichen Widerstand leiste. Ich frage mich deshalb:

Bin ich noch aufmerksam für das Handeln Gottes in den Niederungen unseres, meines Menschseins? Versuche ich nicht oft schnell zu erklären, zu rationalisieren, zu entmythologisieren, den aufregendsten geistlichen Erfahrungen ihren Glanz zu nehmen?

Auch hier läge das nahe. Wir könnten zum Beispiel Vermutungen über jenen Engelboten anstellen, jenen rätselhaften Befreier aus der Not: Ist es ein heimlicher Jesus-Sympathisant, eine Art Hauptmann von Kapernaum oder gar ein zelotischer Guerillero?

Wir erfahren es nicht. Aber es ist einer, der Bescheid weiß und das Richtige tut, der zum rechten Zeitpunkt einem Gefangenen zum Engel, und damit zum Handlanger Gottes wird.

Hören wir nochmals, was er sagt:

E. Komm jetzt, Petrus. Es ist Zeit. Zieh dich an.

P: Das kann doch nur ein Traum sein. Ein allzu schöner Traum.

E: Es ist kein Traum! Steh auf!

P: Aber was spricht eigentlich dagegen? Warum sollte ich es nicht wagen? Ihm folgen dem Fremden. Zu verlieren habe ich nichts. Eigentlich kann es nur besser, nur heller, nur leichter werden.

Was spricht eigentlich dagegen, liebe Mitchristen, was spricht dagegen, genau das zu tun? Das muffige Gefängnis unserer Angst, den Kerker der Hoffnungslosigkeit und des Zweifels zu verlassen? Was spricht dagegen, dass du mit Petrus die Ketten deiner Skepsis und Ängstlichkeit hinter dir lässt und durch das große Tor der österlichen Hoffnung hinaus auf freien Raum gehst? Dass du gegen all diejenigen das Wort erhebst, die sagen: „Ach was! Alles nur Träumerei. Ein persönlicher Gott? Das ist eine Phantasie von Kindern und alten Leuten! Ein Gott, der heute für mich da ist? Unsinn!"

Lass dich heute Morgen ermutigen, diesen Sprung zu machen: Weg von der penetranten Skepsis hin zu einem Glauben, der österliche Freiräume eröffnet und das „Leben pur", das Leben Gottes, in sich birgt.

„Nun weiß ich, dass Gott mir wahrhaftig seinen Engel gesandt hat" bekennt Petrus am Ende und deutet damit seine Befreiung als Rettungstat Gottes. Vielleicht war es einen Tag später, vielleicht auch erst eine Woche oder einen Monat, nachdem das alles passiert ist. Das ist auch nicht entscheidend. Beweisen kann er sowieso nichts. Aber er spricht es aus, für sich selbst und für Andere. Er geht nicht einfach zur Tagesordnung über, sondern behält diese Glaubenserfahrung als einen Schatz, als eine ganz persönliche Ostergeschichte, als ein Erlebnis mit Gott, das er auch mit uns heute Morgen teilen will.

Lassen Sie uns von Gott wieder etwas erwarten, liebe Gemeinde. Ihn gerade im Verborgenen unseres Alltags entdecken und – wer weiß – vielleicht selbst zum Engel für Andere werden.

Ein solcher Engel war für viele Menschen die finnische Seelsorgerin Mathilda Wrede. Man hat sie immer wieder als „Engel der Gefangenen" bezeichnet. Tief eingeprägt hat sich ihr, wie einem ungefähr gleichaltrigen Jugendlichen bei einem Schmied die Handschellen angelegt und er dann ins Gefängnis abgeführt wurde. Ergriffen von der Gewissheit, dass Gott die Menschen liebt, begann sie sich, für die Rechte und den seelischen Frieden von Häftlingen einzusetzen. Sie scheute keine politischen Grenzen und kümmerte sich sogar um gefangene Soldaten der roten Armee, die das eigene Land angegriffen hatten.

Einmal sagte ihr ein Häftling: „Wissen Sie, was das Schrecklichste für mich ist? Wenn ich auf mein Leben zurück blicke, sehe ich nur Hass und Böses."

Was tat Mathilda Wrede? Sie bat den Gefangenen um einen Gefallen. Er sollte ihr etwas von seiner Mahlzeit und einem Glas Dünnbier abgeben (das sie gar nicht mochte). So verhalf sie dem Menschen zu einer neuen Selbstachtung und gab ihm neuen Mut zum Leben. Und manch einer konnte danach sagen: *„Nun weiß ich, dass Gott mir seinen Engel gesandt hat."*

Und der Friede Gottes, welcher höher ist als alle Vernunft, bewahre unsere Herzen und Sinne in Christus Jesus, unserem Herrn

Erntedank (Jesaja 58):[28] „...ich will nur danke sagen"

Liebe Gemeinde!
Schon früh sind sie aufgebrochen zu ihrem Schulausflug, Melanie und Vanessa und die Klasse 6b. Wandern ist nicht so ihr Ding, aber sie fahren natürlich mit, schon allein wegen der Freundinnen. Zum Glück haben sie ein kräftiges zweites Frühstück eingepackt. Doch Vanessa überkommt schon im Bus eine Heißhungerattacke, deshalb hat sie bereits vor Mittag fast alles aufgegessen.
Bei der gemeinsamen Pause nach vier Stunden Wanderung ist sie ziemlich erschöpft und hat nichts mehr in ihrem Rucksack. Melanie dagegen hat noch ein belegtes Brot und einen Schokoriegel. „Oh", fragt Vanessa und nimmt ihren ganzen Mut zusammen. „Gibst du mir ein Stückchen ab?" „Nö" sagt Melanie und stopft sich den Schokoriegel schnell komplett in den Mund. „Ist meins und bleibt meins. Und das Brot ist für die Rückfahrt heute Abend. Kannst ja selbst besser einteilen..."

Ist meins und bleibt meins – nicht deins, sagen die Kids.
Geiz ist geil, sagen die Alten oder: Unterm Strich zähl ich.

Das vermeintlich harmlose Beispiel ist ziemlich brisant, liebe Gemeinde. Es lässt uns fragen, wie wir mit dem, was wir haben, umgehen, auch wie wir mit Menschen umgehen, die - vielleicht auch selbst verschuldet - in Not gekommen sind.

Etwas allgemeiner gefragt:
Wir leben in einer Zeit knapper werdender Ressourcen, in einer Zeit der angespannten Märkte und der pleite gehenden Staaten. Was macht das mit uns? Was können wir als Christen dazu sagen? Können wir irgendwie dazu beitragen, dass unser Land, dass Europa nicht an die Wand fährt? 20 Jahre nach der Wiedervereinigung und 10 Jahre nach Einführung des Euro...
Unterscheidet sich unsere innerkirchliche Kultur des Zusammenlebens von der in der Gesellschaft? Wie gehen wir mit der Tatsache um, dass immer mehr Menschen in unserem Land (ca. 20%) mittlerweile an der Armutsgrenze leben? Dass nach den neuesten Zahlen gerade die Geringverdiener gemessen an den Lebenshaltungskosten immer weniger

---
[28] Tübingen, Jakobuskirche 2011.

haben? Gerade am Erntedankfest und am Vorabend des 3. Oktober sind das bedrängende Fragen.

In einer ähnlich krisenhaften Situation ist unser Predigttext entstanden: Angesprochen sind Menschen, die etwas Großes (mit Gott) erlebt haben. Sie durften zurückkehren aus der Gefangenschaft im babylonischen Exil in die jüdische Heimat. Waren mit dabei beim Neuaufbau Jerusalems, der heiligen Stadt. Doch dann folgte die Ernüchterung nach wenigen Jahren. Die politische und soziale Situation ist alles andere als rosig. Es herrscht der Kampf ums nackte Überleben:
Hören wir auf Worte des Propheten Jesaja im 58. Kapitel.
BRICH dem Hungrigen dein Brot.

Liebe Gemeinde, ich weiß nicht, wie es Ihnen geht, aber ich finde es immer wieder schön, dass die Bibel auch nach ein paar tausend Jahren eine Klarheit in der Sprache, eine Aktualität der Themen, einen Reichtum an Bildern und auch eine bleibende orientierende Kraft besitzt. Das habe ich in der Vorbereitung jedenfalls auch wieder gespürt.

Aber ist das nicht alles ziemlich viel verlangt: Hungrige speisen, Obdachlose beherbergen, Bedürftige bekleiden usw.? Ist das nicht eine maßlose Überforderung? Doch schauen wir genauer hin:

*Brich dem Hungrigen **dein** Brot*

Da sind also welche angesprochen, die selbst Brot haben! Nicht diejenigen, die nichts haben! Es geht darum verantwortlich zu *teilen*, nicht *alles* abzugeben, einfach nur zu spüren, dass man nicht achtlos am Hunger vorbei gehen darf. *Lass den Bedürftigen dein Herz finden, sagt Jesaja* denn Teilen ist Herzenssache. Ja mehr noch, Teilen macht sogar Freude, Nicht-Teilen, hinterlässt schale egoistische Triumphgefühle: Melanie jedenfalls blieb ihr schnell hinunter geschlungener Schokoriegel schier im Hals stecken und auch das Vesperbrot hinterlässt einen schalen Nachgeschmack. Vanessa hat sich auf der Rückfahrt im Bus demonstrativ woanders hingesetzt.

Die ohne Obdach sind, führe ins Haus:
Diejenigen, die selbst vermögend sind, werden damit angesprochen! Da hat jemand ein großes Haus und lebt allein, lässt womöglich eine Mietwohnung leer stehen nur aus Angst, die Mieter könnten das Eigentum beschädigen...

Entzieh dich nicht deinem Fleisch und Blut: Spüre, dass du auch von deiner Familie und deinen Freunden gebraucht wirst. Gerade ihr Pflegerinnen und Pfleger in Krankenhäusern und Altenheimen, ihr Ärztinnen und Seelsorger. Es gibt auch für Euch ein Privatleben, vergesst die eigenen Kinder, Partner und Eltern nicht! Jesaja mahnt nicht zur Selbstaufopferung, sondern zu einer selbst-verantworteten Achtsamkeit und Nächstenliebe, das **Menschliche** ist zu tun, nicht das **Übermenschliche.**

Wie lässt sich diese Balance finden? Ich meine, Jesus hat es in der Bergpredigt sehr einfach auf den Punkt gebracht mit einer Regel, die bis heute die Goldene Regel genannt wird. Was du willst, was ihr wollt, das euch die Leute tun, das tut ihnen auch. Versetze dich selbst in die Situation. Dir geht es finanziell nicht gut, du bist in einer persönlichen Krise oder Notlage, was wünschst Du Dir, dass Andere Dir tun? Jesus lehrt uns also einen Perspektivwechsel.

Doch fragen wir weiter, was motiviert, stärkt, befähigt Menschen damals und heute, so zu handeln? Gibt es eine Kraftquelle dafür?
Der Prophet sagt:
Dann wirst du rufen und er wird antworten. Wenn du schreist, wird Gott sagen: **Hier bin ich.**
Gott selbst verspricht sich, sagt seine Gegenwart zu, auch dann wenn du ganz unten bist. Auf mich allein gestellt müsste ich mit diesem Programm des Teilens und Helfens elend scheitern.

Jesaja geht es um eine Lebenshaltung, eine Haltung die aus dem Glauben und Vertrauen an Gott heraus lebt, um einen lebendigen Dialog mit der höchsten Stelle, mit dem besten Ansprechpartner, denn es gibt in Tiefen und *Höhen* unseres Lebens. Ich sage das bewusst. Denn nicht nur Not lehrt Beten. Vielleicht lehrt auch Brot Danken. Brot und Kleider und Arbeit und Erfolg und Beziehung und Familie und Glück und, und

und! Zum Gebet gehört nicht nur das Bitten, sondern auch das Danken, das am heutigen Erntedankfest besonders nahe im Mittelpunkt steht:
Und damit sind wir auf der Spur, wie ein solches Leben gelingen kann, das Teilen zum Programm macht. Dankbarkeit, die Welt als Geschenk, als zugesagte Welt wahrnehmen und annehmen.

Was steckt in einem einzigen Brot alles drin an Geschichte:
Da wurde gesät und gepflügt und geerntet, im Schweiße des Angesichts haben Menschen in der Landwirtschaft das Ihre dazu getan:
Danke. Trotz sinkender Reallöhne auch hier! Korn wurde gemahlen und das Mehl verpackt, die Bäcker haben es weiterverarbeitet zu Brötchen, Brot, Brezeln usw, und sind dafür vielleicht sprichwörtlich früh aufgestanden…

Danken kommt von Gedenken.
Wer dankt, erinnert sich, lebt nicht achtlos in den Tag hinein, schaut die Welt und ihre Geschichte mit anderen Augen an. Ich denke es immer wieder: welch ein Geschenk, dass wir Deutschen wieder in einem Land leben und die Schrecken der Mauer und des Todesstreifens entfernt sind. Dass in Südafrika keine Apartheid mehr herrscht, dass auf dem Balkan kein Krieg mehr ist. Ich freue mich aber auch am Lachen meiner Kinder, an der Sonne am Morgen, an einem Glas Wein am Abend. Von einer Therapeutin habe ich eine ganz einfache Regel gehört, die auch bei Depressiven und traumatisierten Patienten wirkt: Schreib abends vier Erfahrungen des vergangenen Tages auf: 3 schöne und eine schlechte: eine Begegnung beim Einkaufen etwa oder das Wiedersehen mit einer alten Freundin, dass du wohl behalten von einer längeren Dienstreise zurück bist, dass dein Kind wieder gesund ist…
Ja, Danken macht glücklich. Machen wir die Tore der Herzen auf, dass der Dankbarkeitsstau, der sich da manchmal ansammelt, endlich raus darf.

Wer dankt, entdeckt: das Glas ist meistens weit mehr als nur halb voll, da bleibt noch etwas übrig, ich bekomme in meinem Leben täglich unendlich viel und vieles sogar gratis.

Ich teile mit Ihnen gerne eine spannende Hörerfahrung der letzten Woche. Ein eindrucksvolles Zeugnis des Rappers SIDO.[29]
Das hier ist Dein Song. Ja, ich weiß ich hab oft gesagt ich glaub nicht - doch jeder Mensch braucht Dich. Ja, auch ich. Es wird Zeit, dass wir beide mal miteinander reden. Oder dass zumindest ich mal mit Dir rede. Hör Dir an, was ich zu sagen hab:

Refrain: DAS HIER IST KEIN GEBET, ICH WILL NUR DANKE SAGEN;
DAFÜR, DASS DU MIR DEN ENGEL SCHICKST AN MANCHEN TAGEN,
DAFÜR DASS DU MIR DAS LEBEN ZEIGST
FÜR DEIN VERTRAUEN DANK ICH AUCH, DANKE, DASS DU AN MICH GLAUBST.
DAS IST KEIN SCHLÜSSEL ZUM HIMMEL - ICH WILL NUR DANKE SAGEN,
DAFÜR DASS DU MIR ZEIGST, ICH BRAUCHE KEINE ANGST ZU HABEN.
DAFÜR DASS DU MIR DAS LEBEN ZEIGST.
BITTE HALT MIR EINEN PLATZ FREI IN DER EWIGKEIT.

Das letzte Mal, als ich gebetet hab ist lange her. Ich komm mir komisch vor. Beim letzten mal hab ich Dich angebettelt: Bitte hol mich fort !! Doch du hast Dich mir nicht gezeigt, deshalb nahm ich mir Dich als Feind. Es tut mir Leid - Verzeih mir. Ich hab Dich ausgelacht, Dich kleingeredet und verachtet. Ich war ständig auf 180. Du sagst: Na und, das macht nichts. Doch ich muss Buße tun. Ich weiß, das geht nicht. Nichts mehr gut genug. Alles wär zu wenig. Ich hoffe Du verstehst mich und das hier ist nicht vergeblich. Ich hoff auch nicht wirklich auf 'n weltbewegendes Ergebnis. Kein grelles Licht, kein Zeichen. Ich will mich nur nicht mehr streiten. Vergiss die alte Zeit, wenn diese Zeilen dich erreichen. Amen.

Aus dieser Haltung heraus ist Teilen möglich. Im weiteren Verlauf fordert Sido Gott heraus: Wende dich auch den Anderen zu, die deine Hilfe brauchen. Lass sie nicht im Stich.
Ich habe schon so viel bekommen von dir, das muss ich nicht festhalten.

Aus dieser Haltung folgt ein Lebensprogramm, das uns erfüllt. Denn, ich behaupte: Teilen macht glücklich. Ich freue mich am Lächeln der jungen Frau, der wir die Kinderkleider weitergegeben haben. Wenn ich einem

---

[29] (www.YOUTUBE.DE: Sido – das ist kein Gebet, 28.9.2011)

Obdachlosen eine Brezel kaufe oder einfach nur meine mit ihm teile, dann wird er sie mir kaum aus der Hand schlagen...
So kommt die eigene Freude und Dankbarkeit an Gottes Schöpfung durch andere hindurch zu uns zurück und macht uns wieder froh.

Gehen wir noch weiter: Was können wir als Kirche tun, damit unsere Gesellschaft nicht noch brutaler und menschenverachtender wird, damit nicht Menschen vor unserer Haustür erfrieren oder auch innerlich vereinsamen?
Es ist gut, wenn wir unser Brot, unser Einkommen, unsere materiellen Güter teilen.
Es ist gut, dass wir als Kirche diakonische Einrichtungen haben, die hier in unserer Gesellschaft einen wichtigen Auftrag erfüllen. Brot für die Welt ist ein Beispiel.
Es ist gut, dass wir in Tübingen, Reutlingen, Stuttgart und anderswo Tafeln haben, die Menschen am Existenzminimum wenigstens einmal am Tag eine warme Suppe anbieten...

Aber das ist noch nicht alles: Wir empfangen und teilen auch geistliches Brot. Beim Abendmahl geschieht das: Was da gefeiert wird, ist beispielhaft, hat prägende Kraft:
Wir danken unserem Schöpfer für Brot und Wein. Wir brechen das Brot, wie Jesus es geboten hat. Wir hören sein Versprechen: Ich bin für dich da, ich bin bei euch. (Ganz ähnlich unser Text: Siehe, hier bin ich). Wir teilen die Gaben aus, erleben Gemeinschaft und loben den Namen Gottes.
Ja, ihr Frauen und Männer, es gibt es auch einen Unterschied zur nachexilischen Gemeinde des Jesaja. Denn an diesem Ort, am Tisch Jesu Christi wird eine Kultur und Haltung der Dankbarkeit praktiziert, auf die unsere Welt schauen kann:
Hier wird nichts verkauft. Da *wird man beschenkt* mit Gaben der Schöpfung in Brot und Wein. Aber auch mit Gaben der neuen Schöpfung: Vergebung, Gemeinschaft, Hoffnung und Wegzehrung. Vor dem Teilen kommt die *Teilgabe*. Essen und Trinken am Tisch des Herrn, das ist der Ort, wo niemand ausgeschlossen wird, keine Rasse und Hautfarbe, kein Geschlecht und keine Schicht, keine Konfession, und erst recht keine Kinder.

Kehren wir nochmals zurück zu unserem Text: Jesaja sagt: *Gott selbst ist dabei, wenn du barmherzig bist, dann leuchtet seine B(W)armherzigkeit auch für dich auf. Dann wohnt seine Herrlichkeit in deinem Leben: dann gewinnt sein heiliger Name in deinem Leben Raum.*
Die Augen derer, die einander geistgeleitet helfen, sind wie Scheinwerfer im Dunkel der Verleumdungen und der materiellen Unsicherheit: So bildet sich ein Netzwerk der Liebe und des Friedens in dieser Welt. Lasst uns daran teilhaben und weiterknüpfen!

Am Ende öffnet der Prophet den Blick in eine ungeahnte Weite: *Gott wird dich immerdar führen und dich sättigen in der Dürre, wie ein bewässerter Garten wirst du sein und wie eine Wasserquelle.* Wo heute noch ein Resthunger nach Erfüllung, nach Glück, nach Wohlstand, nach innerer Ruhe und Ausgeglichenheit bleibt, gilt einmal: Du wirst satt werden: Es wird dir an nichts mangeln. Das ist Verheißung pur, ohne Bedingung. Aber auch schon jetzt gilt:
Ich bin durch Gottes Geist getränkt und getauft, bin ein *bewässerter Garten von Gottes Liebe, und darf diese Energie an Andere weitergeben*: Was lang öde war, soll durch dich und durch mich frisch und grün werden. Da möchte ich gerne sein, liebe Gemeinde, in einem Garten Gottes, der für Durstige und Sehnsüchtige neues Leben und neue Hoffnung birgt. Trotz vermeintlich zurück gehender Ressourcen und bevorstehender Pleiten. Ein Leben im Licht.
Amen.

Ewigkeitssonntag (Matthäus 22,23-33):[30] Ein Gott der Lebendigen nicht der Toten!?

Liebe Gemeinde!

Drei Fragen sind es, die Frauen und Männer, Naturwissenschaftler und Philosophen, Mystikerinnen und Theologen, einfache und gelehrte Menschen immer wieder gestellt haben: Wo kommen wir her? Wo gehen wir hin? Was dürfen wir hoffen? Neulich sagte mir eine junge Frau nach einer Beerdigung: „Ich möchte so gerne wissen, wo mein Mann jetzt ist und was mit ihm sein wird! Werden wir uns wieder sehen? Ich möchte darüber nicht im Ungewissen bleiben..." Und sie hat Recht damit. Sie fordert uns heraus, über das nachzudenken, was unser Leben trägt, auch über den Tod hinaus, worauf wir hoffen dürfen schon hier und erst recht dereinst.

Hören wir dazu auf Worte aus Matthäus 22,23-33

I Skeptische Frage

Immer wieder schildern uns die Evangelisten, wie Jesus von seinen Zeitgenossen in Streitgespräche verwickelt wird. Ja, Jesus lässt sich verwickeln. Er lässt sich herausfordern, der Rabbi Jesus hört zu und antwortet. Heute sind es einmal nicht die Pharisäer, sondern die Sadduzäer. Sie stellen die gebildete religiöse Oberschicht; der Priesteradel besetzt weite Teile des sog. Hohenrates. Sie anerkennen nur die fünf Bücher Mose, nicht die Propheten als heilige Schrift und vertreten die prägnante These: Gott ist nicht ein Gott der Toten, sondern der Lebendigen. Mit anderen Worten: Alle Aussagen, die über das Diesseits hinausgehen, sind Spekulation. Eine ausgesprochen moderne, gleichsam eine skeptische These. Im Gegensatz zu ihnen hoffen die Pharisäer auf eine Auferstehung aller Menschen, wie sie erstmals beim Propheten Daniel angesagt wurde: Und alle, die unter der Erde liegen, werden aufwachen, die einen zum ewigen Leben, die anderen zu ewiger Schmach und Schande." Von diesem Bibelwort aus hat man dann – wie an unseren Kirchenportalen im Mittelalter – einen doppelten Ausgang des Weltgerichts gelehrt.

---

[30] Marienkirche Reutlingen am 25.11.2001.

Doch schauen wir uns die Frage der klugen Aristokraten etwas genauer an: Mit der konstruierten, vielleicht auf den ersten Blick abstrus wirkenden Geschichte einer Frau, die sieben Ehemänner hatte, stellen sie Jesus eine Fangfrage. Sie möchten gleichsam den ‚Auferstehungsglauben ad absurdum führen. Denn in der Tat: Wenn es eine leibliche Auferstehung nach dem Fleische gäbe, dann hätte die Frau, die nach dem mosaischen Gesetz sieben Brüder ehelichte, ein echtes Problem. An wessen Seite sollte sie in der Ewigkeit sein? Jesus bleibt nach Einschätzung der Sadduzäer nicht viel übrig: Entweder lehnt er die Auferstehung skeptisch ab. Dann hätte er sich klar gegen die Pharisäer und die Lehre des Propheten Daniel ausgesprochen. Dann wäre Jesus ein Skeptiker, den womöglich auch heute noch diejenigen zitieren könnten, die sagen: Nach dem Tod stürzen wir ins Leere. Oder noch radikaler: Nach dem Tod ist alles aus. Würde sich Jesus dagegen aussprechen, könnte man ihm möglicherweise nachweisen, dass er gegen die Tora des Mose sei und sich anmaßte, über Gottes Plan besser Bescheid zu wissen, als es ein Mensch vermag.

II Erhellende Antwort

Jesus dreht gleich zu Beginn seiner Erwiderung den Spieß um und entzieht sich der Falle: „Ihr irrt euch!" sagt er. „Ihr kennt weder die Schrift noch die Kraft Gottes!" Gottes ewige Welt ist ganz anders als ihr denkt. Und weiter: Es gibt eine Auferstehung. Aber der neue Mensch Gottes ist ganz anders als wir. *Totaliter aliter*, ein geistlicher Mensch, vergleichbar mit den Engeln im Himmel. Er bleibt als Person durch die Beziehung zu seinem Schöpfer erhalten und wird doch komplett neu geschaffen. In seiner Identität, mit seinem Namen ist er derselbe und wird doch ganz anders aussehen. Ein Weiterleben gibt es aber nur aus der schöpferischen Kraft Gottes, der auch schon am Schöpfungsmorgen die Welt ins Sein gerufen hat.

Jesus bezieht sich mit seiner Argumentation auf eine andere Geschichte im Alten Testament: die Offenbarung Gottes an Mose im brennenden Dornbusch. Dort sagt Gott: „Ich bin der ewige Gott, der Gott Abrahams, Isaaks und Jakobs." Und Jesus folgert: Erkennt ihr es nicht? Daran könnt ihr sehen, wie es sich mit der Auferstehung verhält. Euer Satz stimmt: Gott ist ein Gott der Lebendigen und nicht der Toten. Aber er ist anders zu verstehen, als ihr denkt. Er beweist nicht, dass mit dem Tod alles aus ist, sondern das Gegenteil! Wenn Gott sich noch Generationen nach den Erzvätern als ihr Gott vorstellt, dann leben sie und dann leben auch noch andere!

Jesus schlägt seine Herausforderer also mit einem Schriftbeweis, der bis heute nicht nur eine gelehrte Randbemerkung zur Tora ist. Für Matthäus und seine Gemeinde ist klar: Die längst verstorbenen Väter und Mütter haben durch ihre Beziehung zu Gott ewiges Leben. Wo Gott sich – wie Abraham – einem Menschen zusagt und sein Mitsein verspricht, da kann das auch durch die Grenze des Todes nicht aufgehoben werden. Gottes Name „Ich bin, der ich bin, und: „ich werde sein, der ich sein werde" bürgt dafür, dass auch wir Anteil an der Ewigkeit haben. Oder mit Worten von Psalm 23: „Gutes und Barmherzigkeit werden dir folgen dein Leben lang und du wirst bleiben in meinem Hause für immer!"

Wo kommen wir also her? Wo gehen wir hin? Was dürfen wir hoffen?

III No more tears

Der Sänger Eric Clapton hat vor ungefähr zehn Jahren durch einen tragischen Sturz aus dem offenen Fenster seinen fünfjährigen Sohn verloren. Wer so etwas erlebt, ist erst einmal erstarrt vor Trauer, Schmerz und Wut. Ob ihn das trösten könnte, was wir eben gehört haben, weiß ich nicht. Er schreibt sich seine Fragen von der Seele und spricht seinen Sohn sogar persönlich an (*evtl. einspielen*):

Would You know my name if I saw You in heaven?

Would it be the same if I saw you in heaven…

(*Würdest du meinen Namen kennen, wenn ich dich im Himmel sähe? Würde es wohl derselbe sein, wenn ich dich im Himmel träfe?*)

Am Ende des Liedes steht dann eine ebenso überraschende wie tröstende Gewissheit:

Beyond the door there's peace I'm sure,

And I know there'll be no more tears in heaven.

Clapton hat das weitergedacht und weitergeglaubt, was Jesus im Evangelium uns eröffnet hat (Joh 14,2ff): *Ihr geht dorthin, woher ich komme, aus der Welt Gottes.* Mein Zuhause wird auch euer Zuhause sein. Was Abraham, Isaak und Jakob zugesagt wurde, das gilt auch euch. Ihr stürzt nicht in ein Vakuum des Nichts oder in die Unsicherheit eines Gerichts, in dem ihr auf euch allein und eure guten Werke gestellt seid. Ihr kommt zu mir. In Gottes Welt wird es einmal keine Tränen mehr geben.

Das lässt mich hoffen, liebe Gemeinde. Auch für unsere Toten heute am am Toten- oder sagen wir es besser am Ewigkeitssonntag. Als getaufte Christen leben wir schon jetzt in einer Wirklichkeit des neuen Lebens. Wir sind bereits auferstanden mit Christus. Das ist sogar noch mehr als das, was Jesus vor Ostern seinen Zeitgenossen sagen konnte. Denn dieser Christus hat uns den Himmel auf- und die Hölle ein für allemal zugeschlossen.

So darfst du dich – trotz aller Tränen – fallen lassen in sein Versprechen: Fürchte dich nicht. Ich habe dich erlöst, ich habe dich bei deinem Namen gerufen. Du bist mein.

Vielleicht kannst du dann auch mit Eric Clapton singen und glauben:

Hinter der Tür ist Friede, ich bin ganz sicher.

Und ich weiß, da sind keine Tränen mehr im Himmel.

Amen.

Printed by Books on Demand GmbH, Norderstedt / Germany